我
们
一
起
解
决
问
题

社会心理服务体系建设丛书

社会心理服务体系建设

政策解读篇

闫洪丰 等 编著

人民邮电出版社

北　京

图书在版编目（ＣＩＰ）数据

社会心理服务体系建设. 政策解读篇 / 闫洪丰等编
著. -- 北京：人民邮电出版社，2023.12（2024.1重印）
ISBN 978-7-115-62744-5

Ⅰ. ①社… Ⅱ. ①闫… Ⅲ. ①社会心理学－心理咨询
－咨询服务－政策－研究－中国 Ⅳ. ①C912.6-0

中国国家版本馆CIP数据核字(2023)第175467号

内 容 提 要

社会心理服务体系是党中央提出的一项重要战略部署，经过三年试点，目前在全国范围内得到普遍推广。它面向个体、群体、社会提供多元化的社会心理服务，并逐步融入社会治理和精神文明建设，融入健康中国、平安中国、幸福中国建设，在实现社会安定和谐进步中发挥重要作用。

本书对社会心理服务体系产生、发展的政策脉络进行了梳理与解读，对社会心理服务体系的内涵与外延进行了详细解析，提炼社会心理服务体系融入中国式现代化的理论方法与应用模式，为各界加强理论研究与实践创新，推进社会心理服务体系建设提供重要参考。

本书可供各级政府部门、企事业单位、社会组织、社会心理服务机构等中的社会心理服务体系建设相关从业人员及心理工作者、社会工作者参考阅读。

◆编　著　闫洪丰　等
　责任编辑　黄海娜
　责任印制　彭志环
◆人民邮电出版社出版发行　　北京市丰台区成寿寺路 11 号
　邮编　100164　电子邮件　315@ptpress.com.cn
　网址　https://www.ptpress.com.cn
　固安县铭成印刷有限公司印刷
◆开本：787×1092　1/16
　印张：14.5　　　　　　　　　　　2023 年 12 月第 1 版
　字数：248 千字　　　　　　　　 2024 年 1 月河北第 2 次印刷

定　价：69.00 元
读者服务热线：（010）81055656　印装质量热线：（010）81055316
反盗版热线：（010）81055315
广告经营许可证：京东市监广登字 20170147 号

专家指导委员会

编委会

总　序

党的二十大报告指出，从现在起，中国共产党的中心任务就是团结带领全国各族人民全面建成社会主义现代化强国、实现第二个百年奋斗目标，以中国式现代化全面推进中华民族伟大复兴。自党中央提出加强社会心理服务体系建设以来，为贯彻落实党中央的决策部署，2018年全国社会心理服务体系建设试点工作拉开帷幕，各地积极响应、有序推进。除国家试点地区外，不少省份开展省级试点，很多地区自行探索推进，我国社会心理服务体系建设呈现出蓬勃发展的大好局面，成为中国式现代化进程中一颗璀璨的明珠。

随着全国社会心理服务体系建设迈向高质量发展阶段，此时系统总结全国社会心理服务体系建设试点工作以来的理论与实践经验恰逢其时。习近平总书记多次指出，加快构建中国特色哲学社会科学，归根结底是建构中国自主的知识体系，要按照立足中国、借鉴国外，挖掘历史、把握当代，关怀人类、面向未来的思路，着力构建中国特色哲学社会科学，在指导思想、学科体系、学术体系、话语体系等方面充分体现中国特色、中国风格、中国气派。这为我们建构中国自主社会心理服务理论体系、助力中国特色哲学社会科学体系建设指明了方向。应该说，新时代中国特色社会心理服务体系建设是基于中国国情和文化，在政策规范引领下，运用心理学、社会工作等学科的理论与方法，积极主动预防和解决个体、群体与社会层面的各类问题,提升社会治理效能和民众幸福感,形成全方位、全周期、多元化的社会支持系统。由此可以看出,面向中国式现代化的社会心理服务体系建设必须坚持"顶天立地,四面八方"的基本原则:"顶天"即在政策规范引领下,坚持政治性与人民性;"立地"指立足于中国具体实际,坚持实践性与服务性;"四面"指在国情和文化的基础上融合心理学、社会工作、社会治理等理论、技术和方法,坚持科学性与融合性;"八方"即打造以人民为中心,覆盖自我、家庭、亲朋邻里与同学同事、社区(村)与组织(单位)、专业机构与行业组织、政府与法治、社会与文化、生态环境的八层社会支持系统,坚持目标性与系统性。

面向中国式现代化的社会心理服务体系建设核心要义可以用一副对联集中呈现,上联是"一心二合三兼顾",下联是"四讲五要六内容",横批是"七方八圆"。具体而言,"一心"是指以人民为中心,提供全方位社会支持;以人民为中心,全心全意为人民服务。"二合"是指两结合,一是和中国具体实际、中华优秀传统文化相结合,二是问题导向和系统观念相结合。"三兼顾"是在具体开展社会心理服务的过程中要兼顾事前、事中、事后,微观、中观、宏观,全体人群、心理亚健康人群、特殊重点人群,微观心理学、中观社会工作、宏观社会治理,防治疾病、维护健康、提升素质,化解社会矛盾、维护社会稳定、提高社会文明。"四讲"是指讲政治、讲科学、讲系统、讲实效,其中讲系统是指社会心理服务体系建设的四大系统,包括教育系统、机关和企事业单位系统、医疗卫生系统、基层社区及农村系统,讲政治、讲科学、讲实效是四大系统建设的要求。"五要"是指人、财、物、机构、机制五大要素,"六内容"是指社会心理服务科普宣传教育体系、测评体系、教育培训体系、咨询服务体系、危机干预与管理体系、保障与评估体系,也指"党委领导、政府负责、部门联动、社会参与、专业支持、群众受益"的长效工作机制。最后,"七方八圆"中的"七方"是指社会心理服务人才队伍培养的七大模块,要融合心理工作、社会工作、社会治理三大基础模块,同时注重根植于中国国情和文化,在政策规范、文化特色、运营服务三大提升模块之上落脚到最后的实践模块，发挥有益效果；"八圆"是指构筑"自我支持－家庭支持－亲朋邻里与同学同事支持－社区（村）与组织（单位）支持－专业机构与行业组织支持－政府与法治支持－社会与文化支持－生态环境支持"的八层全周期社会心理服务支持链。

　　总而言之，社会心理服务体系建设是对全社会、全人群和各领域、各组织进行赋能，以实现更系统的思维方式、更科学的管理方式、更优化的工作模式、更幸福的生活方式，从而构筑完善的社会支持系统。让我们携手并肩系统性地解决当下民众面临的各类心理问题，让我们共同努力为全体国民的健康、平安与幸福提供全方位、多层次、多元化的社会支持贡献智慧与力量，使每一个人都能成为一个顶天立地、获得四面八方社会支持的快乐而幸福的中国人！

前　言

　　心理服务不仅关系到广大人民群众的幸福安康，更关乎社会安定和谐与国家长远发展。进入新时代，我国社会主要矛盾已经转化为人民日益增长的美好生活需要和不平衡不充分的发展之间的矛盾。人民的生活需要日益广泛，不仅对物质文化生活提出了更高的要求，对心理健康、幸福感与安全感的需要也更加强烈。与人民群众日益增长的多元化需求不相协调的是，近些年心理行为问题发生率的增长更加影响人们的健康生活和社会的和谐稳定。造成这一现象的原因在于，一方面，随着社会竞争压力不断加剧，人们的生活节奏明显加快，心理应激因素日益增加，存在焦虑障碍、抑郁障碍等精神疾病的人数不断增加，具有心理行为问题的人数更是逐年增多，群体性心理危机事件和精神障碍患者肇事肇祸案（事）件偶有发生，由此引发的心理困扰、应激反应、人际矛盾纠纷和案（事）件屡见不鲜；另一方面，个人极端案（事）件的发生，不仅给受害者及其家庭成员带来伤痛，也会引发部分社会成员的忧虑。个体严重的心理行为问题可能破坏家庭和谐、激发社会戾气、危害社会稳定，其影响早已超越个人层面而成为社会性问题。若要解决上述社会问题，政府就要统筹推进、组织、协调，主动提供面向个体、群体、社会的多元化服务，为民众搭建全方位、全周期、多元化的社会支持系统并让其积极融入百姓生产生活和基层社会治理的方方面面。

在此背景下，党中央创造性地提出了要加强社会心理服务体系建设的重要战略部署。2013 年，党的十八届三中全会通过的《中共中央关于全面深化改革若干重大问题的决定》将心理干预作为预防和化解社会矛盾的重要手段，从此"社会心理服务体系建设"的思想便开始萌芽。2015 年 10 月，党的十八届五中全会审议通过的《中共中央关于制定国民经济和社会发展第十三个五年规划的建议》中，在"加强和创新社会治理"下提出"健全社会心理服务体系和疏导机制、危机干预机制"。2016 年，22 个部门联合印发的《关于加强心理健康服务的指导意见》指出，到 2020 年，将心理健康服务纳入城乡基本公共服务体系，社会心理服务体系初步建成。2017 年，党的十九大报告在"打造共建共治共享的社会治理格局"下正式提出，"加强社会心理服务体系建设，培育自尊自信、理性平和、积极向上的社会心态"。2018 年，10 部门联合发布《关于印发全国社会心理服务体系建设试点工作方案的通知》。2019 年，党的十九届四中全会审议通过的《中共中央关于坚持和完善中国特色社会主义制度 推进国家治理体系和治理能力现代化若干重大问题的决定》，在"完善正确处理新形势下人民内部矛盾有效机制"下提出"健全社会心理服务体系和危机干预机制"。2020 年，《中共中央关于制定国民经济和社会发展第十四个五年规划和二〇三五年远景目标的建议》有四处提及"心理"：在"社会文明程度得到新提高"下提出"身心健康素质明显提高"；在"维护社会稳定和安全"下提到"健全社会心理服务体系和危机干预机制"；在"建设高质量教育体系"下提出"重视青少年身体素质和心理健康教育"；在"全面推进健康中国建设"下提出"重视精神卫生和心理健康"。可以看到，随着时代发展与社会进步，我国从建设侧重维护个体心理健康的"心理健康服务体系"逐渐转变为建设在心理健康服务基础之上面向个体、群体、社会提供多元化服务的"社会心理服务体系"。社会心理服务体系正逐步融入社会治理体系、精神文明建设，融入健康中国、平安中国和幸福中国建设，在实现社会安定和谐进步中发挥重要作用。

为贯彻落实党中央的决策部署，2018年全国社会心理服务体系建设试点工作拉开序幕，55个大中城市积极响应、有序推进。除国家试点地区外，不少省份开展省级试点，很多地区自行探索推进，我国社会心理服务体系建设呈现大好局面。在社会心理服务体系建设正式提出之前，我国推行的是心理健康服务体系建设，即运用心理学及医学的理论和方法，预防或减少各类个体心理行为问题，促进心理健康，提高生活质量，主要形式有心理健康宣传教育、心理咨询、精神疾病治疗、心理危机干预等。尽管心理健康服务体系建设取得了一定成效，但越来越多的实践者在服务工作中发现，现在的心理健康问题呈现成因多元化、形式复杂化及维度多样化的特点，仅关注个体心理行为问题的防治难以从根源上减少心理行为问题的产生。要想标本兼治，必须增强底线意识，坚持系统思维，从整体出发，在事前、事中、事后全链条各环节进行综合施策，构建全方位、全周期、多元化的社会心理服务体系，在科学化、规范化、系统化轨道上实现综合治理。

近些年来，各试点地区立足实际，在卫健委和政法委"双牵头"及相关部门协同下，创新推进、丰富发展，不断健全党委领导、政府负责、部门联动、社会参与、专业支持、民众受益的长效工作机制，不断探索建设兼具时代特征、地域特点、文化特色的中国特色社会心理服务体系，在比学赶超中奋力谱写社会心理服务助推中国式现代化高质量发展的新篇章。全国社会心理服务体系建设三年试点工作圆满结束之后，我们回顾和总结了全国社会心理服务体系建设经验，推出"社会心理服务体系建设丛书"。本套丛书包含四本，即《社会心理服务体系建设政策解读篇》《社会心理服务体系建设理论方法篇》《社会心理服务体系建设实践应用篇》《社会心理服务体系建设服务案例篇》。本套丛书聚焦社会心理服务的理论与实践创新，遵循"融合、创新、服务、发展"的系统观念，从政策解读、理论方法、实践应用和服务案例四个方面描绘新时代社会心理服务体系建设的壮丽画卷。本书的主要内容依托于各试点地区社会心理服务体系建设三年试点经验并加以提炼，强调以政策理论为指导，以方法技能为抓手，以实践应用为目的，以服务案例为借鉴，政策、方法与实践融会贯通的总体思路，尝试探索、总结和提炼社会治理及建设健康、平安及幸福社会的理论、方法和应用模式，共话中国特色社会心理服务体系建设的美好未来。

2022年10月16日，党的二十大胜利召开，立足于"团结带领全国各族人民全面建成社会主义现代化强国、实现第二个百年奋斗目标，以中国式现代化全面推进中华民族伟大复兴"的新时代新征程中国共产党的中心任务，二十大为我们更系统地协同推进社会心理服务体系建设指明了方向。唯有心安，才有民安，方有国安。各级政府部门与社会各类组织、机构必须提高站位，坚持守正和创新相统一，深刻把握社会心理服务体系建设的历史价值与时代意义，准确理解价值内涵与实践路径，将科学理论与方法贯穿于体系建设全过程。坚持目标导向和问题导向相结合，紧密围绕人民需求与社会实际，在试点实践中不断探索、提炼符合中国特色的社会心理服务体系建设模式。坚持以人民为中心，坚持系统观念，在"两个结合"中积极推进社会心理服务体系建设迈向新征程、实现高质量发展，为全面建成社会主义现代化强国、全面推进中华民族伟大复兴提供"心"思路，提出"心"方案，贡献"心"力量！

目 录

第一章

社会心理服务体系的基本含义

1

第一节　社会心理服务体系的创新发展

⊃ 政策脉络

党和国家历来重视心理健康，近些年的大政方针中涉及与心理健康、心理服务和社会心态相关的内容越来越多。2006年10月，党的十六届六中全会首次明确提出，"注重促进人的心理和谐，加强人文关怀和心理疏导，引导人们正确对待自己、他人和社会，正确对待困难、挫折和荣誉。加强心理健康教育和保健，健全心理咨询网络，塑造自尊自信、理性平和、积极向上的社会心态"。2007年10月，党的十七大报告强调，"加强和改进思想政治工作，注重人文关怀和心理疏导"。2013年5月，《中华人民共和国精神卫生法》实施，其中，第二章第十六条明确提出对学校、学生、教育心理方面的规范要求，第二十三条规定了心理咨询人员的从业规范。2012年11月，党的十八大报告提出，"加强和改进思想政治工作，注重人文关怀和心理疏导，培育自尊自信、理性平和、积极向上的社会心态"。

党的十八大以来，党中央高瞻远瞩、与时俱进，创造性提出并不断推进社会心理服务体系建设，且在随后的诸多国家政策中提及并强调社会心理服务体系建设对加强和创新社会治理、促进精神文明建设及健康中国、平安中国和幸福中国建设的重要意义。

2013年11月，党的十八届三中全会通过的《中共中央关于全面深化改革若干重大问题的决定》，在"十三、创新社会治理体制"的"（49）创新有效预防和化解社会矛盾体制"中首次提出"建立畅通有序的诉求表达、心理干预、矛盾调处、权益保障机制，使群众问题能反映、矛盾能化解、权益有保障"。**"心理干预"**开始作为社会治理的方法出现在我国的大政方针中。

2015年10月，党的十八届五中全会审议通过了《中共中央关于制定国民经济和社会发展第十三个五年规划的建议》，其中在"八、加强和改善党的领导，为实现'十三五'规划提供坚强保证"的"（五）加强和创新社会治理"中提出"健全社会心理服务体系和疏导机制、危机干预机制"。**"社会心理服务体系"这一提法首次在国家政策文件中出现。**

2016年3月，十二届全国人大四次会议审议通过《中华人民共和国国民经济和社会发展第十三个五年规划纲要》，在"第十七篇 加强和创新社会治理""第七十章 完善社会治理体系"的"第六节 健全权益保障和矛盾化解机制"中提出"健全社会心理服务体系，加强对特殊人群的心理疏导和矫治。"

2016年6月，中央综治办印发《关于建立"社会心理服务体系建设"联系点的通知》，将12个地区列为"社会心理服务体系建设"联系点。**这标志着我国的社会心理服务体系建设开始进入探索阶段。**

2016年8月，习近平总书记在全国卫生与健康大会上提出，要加大心理健康问题基础性研究，做好心理健康知识和心理疾病科普工作，规范发展心理治疗、心理咨询等心理健康服务。

2016年10月，中共中央、国务院印发的《"健康中国2030"规划纲要》第五章第三节围绕"促进心理健康"进行了阐述，要求"加强心理健康服务体系建设和规范化管理"。

2016年12月，为贯彻《"健康中国2030"规划纲要》，22个部门联合印发的《关于加强心理健康服务的指导意见》指出：到2020年，全民心理健康意识明显提高，要将心理健康服务纳入城乡基本公共服务体系，社会心理服务体系初步建成；到2030年，全民心理健康素养普遍提升，符合国情的心理健康服务体系基本健全，心理健康服务网络覆盖城乡。

2017 年 10 月，党的十九大报告"八、提高保障和改善民生水平，加强和创新社会治理"的"（六）打造共建共治共享的社会治理格局"中正式提出"加强社会心理服务体系建设，培育自尊自信、理性平和、积极向上的社会心态"。

2018 年 11 月，10 部门联合发布《关于印发全国社会心理服务体系建设试点工作方案的通知》，提出"到 2021 年底，试点地区逐步建立健全社会心理服务体系，将心理健康服务融入社会治理体系、精神文明建设，融入平安中国、健康中国建设"。**这标志着社会心理服务体系建设工作逐步迈进试点开展、具体实施的阶段。**

2019 年 1 月，习近平总书记出席中央政法工作会议并发表重要讲话，指出要健全社会心理服务体系和疏导机制、危机干预机制，塑造自尊自信、理性平和、亲善友爱的社会心态。

2019 年 7 月，国务院印发《国务院关于实施健康中国行动的意见》，指出"实施心理健康促进行动。心理健康是健康的重要组成部分。通过心理健康教育、咨询、治疗、危机干预等方式，引导公众科学缓解压力，正确认识和应对常见精神障碍及心理行为问题。健全社会心理服务网络，加强心理健康人才培养。建立精神卫生综合管理机制，完善精神障碍社区康复服务。到 2022 年和 2030 年，居民心理健康素养水平提升到 20% 和 30%，心理相关疾病发生的上升趋势减缓。"

2019 年 10 月，党的十九届四中全会审议通过了《中共中央关于坚持和完善中国特色社会主义制度 推进国家治理体系和治理能力现代化若干重大问题的决定》，在"九、坚持和完善共建共治共享的社会治理制度，保持社会稳定、维护国家安全"的"（一）完善正确处理新形势下人民内部矛盾有效机制"下提出"健全社会心理服务体系和危机干预机制，完善社会矛盾纠纷多元预防调处化解综合机制，努力将矛盾化解在基层"。**至此，社会心理服务体系进一步成为处理人民内部矛盾的重要路径。**

2020 年新冠疫情发生以来，习近平总书记对新冠疫情发生期间的心理服务工作非常重视，指出要加强心理干预和疏导，有针对性做好人文关怀；要加强社会治理，妥善处理疫情防控中可能出现的各类问题，各项工作要周密细致，把生活保障、医疗救治、心理干预等工作做到位，维护社会大局稳定；要主动做好心理疏导，引导全社会关心关爱确诊人员、隔离人员和病人家属；要发挥社会工作的专业优势，支持广大社工、义工和志愿者开展心理疏导、情绪支持、保障支持等服务；病人心理康复需要一个过程，很多隔离在家的群众时间长了会产生这样那样的心理问题，病亡者家属也需要心理疏导。要高度重视他们的心理健康，动员各方面力量全面加强心理疏导工作；要加强心理疏导和心理干预，尤其是要加强对患者及其家属、病亡者家属等的心理疏导工作。群众在家待得久了，社区工作者、基层干部、下沉干部等长期疲劳作战，也会产生这样那样的心理问题，要通过各种方式加大心理疏导工作力度。

2020年10月29日，党的十九届五中全会审议通过《中共中央关于制定国民经济和社会发展第十四个五年规划和二〇三五年远景目标的建议》（以下简称"十四五"规划建议），在"6.'十四五'时期经济社会发展主要目标"中指出"社会文明程度得到新提高。社会主义核心价值观深入人心，人民思想道德素质、科学文化素质和身心健康素质明显提高，公共文化服务体系和文化产业体系更加健全，人民精神文化生活日益丰富，中华文化影响力进一步提升，中华民族凝聚力进一步增强"。可见，**身心健康素质提高成为社会文明程度提高的重要内容**。

"十四五"规划建议在"十二、改善人民生活品质，提高社会建设水平"的"44.建设高质量教育体系"中提出"重视青少年身体素质和心理健康教育"。在"十二、改善人民生活品质，提高社会建设水平"的"46.全面推进健康中国建设"中提出"重视精神卫生和心理健康"。心理健康与增强人民群众获得感、幸福感、安全感及促进人民的全面发展和社会全面进步息息相关。

"十四五"规划建议在"十三、统筹发展和安全，建设更高水平的平安中国"的

"52. 维护社会稳定和安全"中提出"健全社会心理服务体系和危机干预机制"。社会心理服务体系站位更高远，开始面向维护社会稳定和安全，助力平安中国建设。值得指出的是，"十四五"规划建议提出的"二〇三五年基本实现社会主义现代化远景目标"之一便是平安中国建设达到更高水平。可见，**社会心理服务体系建设**不仅面向十四五，更乘势而上**开启二〇三五年基本实现社会主义现代化国家的新征程**。

党的十九届五中全会后，《〈中共中央关于制定国民经济和社会发展第十四个五年规划和二〇三五年远景目标的建议〉辅导读本》出版，编写组专题论述了"全面推进健康中国建设"，在"加快落实全面推进健康中国建设的重点任务"的"（一）深入实施健康中国行动"下提出"健全社会心理服务体系和危机干预机制"。[1]这表明，**社会心理服务体系是健康中国的重要组成部分**。编写组专题论述了"建设更高水平的平安中国"，在"认真落实'十四五'时期建设更高水平的平安中国的重点工作任务和措施"的"（四）维护社会稳定和安全"下提出"健全社会心理服务体系和危机干预机制"。[2]这显示，**社会心理服务体系是平安中国的重要组成部分**。

2020 年 11 月，平安中国建设工作会议提出了"聚焦聚力建设更高水平的平安中国的重点任务"，在第二项重点任务"防范化解重点领域风险，确保社会更安定"下提出"要防范化解个人极端风险。建立健全经常性社会心理服务疏导和预警干预机制，努力把各类社会不良心态和苗头隐患疏导在早、化解在小，防止引发个人极端案事件"。

2020 年 12 月，中共中央印发《法治社会建设实施纲要（2020—2025 年）》，纲要在"五、推进社会治理法治化"的（二十）"增强社会安全感"下提出，健全社会心理服务体系和疏导机制、危机干预机制，建立健全基层社会心理服务工作站，发展心理工作者、社会工作者等社会心理服务人才队伍，加强对贫困人口、精神障碍患者、留守儿童、妇女、老年人等的人文关怀、精神慰藉和心理健康服务。健全执法司法机关与社会心理服务机构的工作衔接，加强对执法司法所涉人群的心理疏导。

推进"青少年维权岗""青少年零犯罪零受害社区（村）"创建，强化预防青少年犯罪工作的基层基础。

2021 年 3 月，十三届全国人大四次会议表决通过了《中华人民共和国国民经济和社会发展第十四个五年规划和 2035 年远景目标纲要》，全文四处提及心理工作与社会心理服务体系建设。

在"第十三篇 提升国民素质 促进人的全面发展"的"第四十四章 全面推进健康中国建设"中的"第一节 构建强大公共卫生体系"中提出"完善心理健康和精神卫生服务体系"。在"第十四篇 增进民生福祉 提升共建共治共享水平"的"第五十章 保障妇女未成年人和残疾人基本权益"中的"第二节 提升未成年人关爱服务水平"中提出"加强儿童心理健康教育和服务"。在"第十四篇 增进民生福祉 提升共建共治共享水平"的"第五十一章 构建基层社会治理新格局"中的"第二节 健全社区管理和服务机制"中提出"推动……心理援助等便民服务场景有机集成和精准对接"。在"第十五篇 统筹发展和安全 建设更高水平的平安中国"的"第五十五章 维护社会稳定和安全"中的"第一节 健全社会矛盾综合治理机制"中提出"健全社会心理服务体系和危机干预机制"。

2021 年 4 月，中共中央、国务院印发《关于加强基层治理体系和治理能力现代化建设的意见》，其中多处提及社会心理服务工作，包括"健全乡镇（街道）矛盾纠纷一站式、多元化解决机制和心理疏导服务机制""做好农业产业发展、人居环境建设及留守儿童、留守妇女、留守老人关爱服务等工作""加强对困难群体和特殊人群关爱照护""注重发挥家庭家教家风在基层治理中的重要作用"。

2021 年 6 月，中宣部、中央文明办、中央纪委机关等联合印发《关于进一步加强家庭家教家风建设的实施意见》的通知，其中三处提到"社会心理服务和心理工作"，包括"注重品德教育和心理健康教育，加强家庭文化建设，遵循儿童成长规律""合力解决孩子作业、睡眠、手机、读物、体质管理以及校外培训、心理健康等问题""开展婚姻家庭辅导、矛盾纠纷调解、心理咨询、学生课后托管等服务，形成向上向善、互帮互助的良好风尚。"

2021年7月7日，教育部办公厅发布《关于加强学生心理健康管理工作的通知》，提出从如下4个方面加强学生心理健康的管理工作，"加强源头管理，全方位提升学生心理健康素养""加强过程管理，提升及早发现能力和日常咨询辅导水平""加强结果管理，提高心理危机事件干预处置能力""加强保障管理，加大综合支撑力度"。

2021年7月8日，国务院印发《"十四五"残疾人保障和发展规划》，其中多处提到"社会心理服务和心理工作"，包括"加强残疾人心理健康服务""加强残疾人康复机构建设，完善全面康复业务布局，充实职业康复、社会康复、心理康复等功能""开展社会心理服务和社区心理干预，预防和减少精神残疾发生"。

2021年7月12日，中共中央、国务院印发《关于新时代加强和改进思想政治工作的意见》，提出要"切实加强人文关怀和心理疏导，健全党员领导干部联系基层、党员联系群众的工作制度，健全社会心理服务体系和疏导机制、危机干预机制，建立社会思想动态调查与分析研判机制，培育自尊自信、理性平和、积极向上的社会心态"。

2021年9月，国务院印发的《中国妇女发展纲要（2021—2030年）》和《中国儿童发展纲要（2021—2030年）》多次提到妇女和儿童心理健康工作的内容。"**促进妇女心理健康**。加强心理健康相关知识宣传，根据妇女需要开展心理咨询、评估和指导，促进妇女掌握基本的心理调适方法，预防抑郁、焦虑等心理问题。在心理健康和精神卫生服务体系建设中，重点关注青春期、孕产期、更年期和老年期妇女的心理健康。强化心理咨询和治疗技术在妇女保健和疾病防治中的应用。加大应用型心理健康和社会工作人员培养力度，促进医疗机构、心理健康和社会工作服务机构提供规范服务。鼓励社区为有需要的妇女提供心理健康服务支持。""**加强儿童心理健康服务**。构建儿童心理健康教育、咨询服务、评估治疗、危机干预和心理援助公共服务网络。中小学校配备心理健康教育教师。积极开展生命教育和挫折教育，培养儿童珍爱生命意识和自我情绪调适能力。关注和满足孤儿、事实无人抚养儿童、留守儿童和困境儿童心理发展需要。提高教师、家长预防和识别儿童心理行为异常的能力，加强儿童医院、精神专科医院和妇幼保健机构儿童心理咨询及专科门诊建设。大力培养儿童心理健康服务人才。"

2021年11月，党的十九届六中全会审议通过《中共中央关于党的百年奋斗重大成就和历史经验的决议》，在"四、开创中国特色社会主义新时代"的"（八）在社会建设上"中指出"党中央强调，人民对美好生活的向往就是我们的奋斗目标，增进民生福祉是我们坚持立党为公、执政为民的本质要求，让老百姓过上好日子是我们一切工作的出发点和落脚点，补齐民生保障短板、解决好人民群众急难愁盼问题是社会建设的紧迫任务"。在"六、中国共产党百年奋斗的历史经验"的"（二）坚持人民至上"中指出"只要我们始终坚持全心全意为人民服务的根本宗旨，坚持党的群众路线，始终牢记江山就是人民、人民就是江山，坚持一切为了人民、一切依靠人民，坚持为人民执政、靠人民执政，坚持发展为了人民、发展依靠人民、发展成果由人民共享，坚定不移走全体人民共同富裕道路，就一定能够领导人民夺取中国特色社会主义新的更大胜利，任何想把中国共产党同中国人民分割开来、对立起来的企图就永远不会得逞"[3]。

2021年12月，国务院办公厅印发《"十四五"城乡社区服务体系建设规划》，规划提到"强化社区矫正、社区戒毒社区康复、刑满释放人员帮扶和精神障碍社区康复服务，为遭受家庭暴力的居民提供应急庇护救助服务。建立健全发现报告和家庭监护监督制度，加强村（社区）未成年人保护工作。支持各类专业组织、机构在村（社区）开展社会心理服务，完善疏导机制，强化精神慰藉、心理疏导、关系调适、社会融入等服务"。

2022年2月，中共中央办公厅、国务院办公厅印发的《关于加强新时代关心下一代工作委员会工作的意见》提出"对困境青少年的帮扶要从物质层面更多地深入到精神层面，在生活上关爱的同时更加注重从思想上关心、情感上关怀、心理上疏导，帮助他们健康成长、全面发展"。

2022 年 3 月，《健康中国行动推进委员会办公室关于印发健康中国行动 2022 年工作要点的通知》指出，"（五）做好社会心理服务体系建设试点工作总结和推广，探索推进儿童青少年心理健康促进工作。（中央政法委、国家卫生健康委牵头，教育部等部门单位参与）"。

2022 年 4 月，国务院办公厅印发《"十四五"国民健康规划》，提到目前"患有常见精神障碍和心理行为问题人数逐年增多"，为此提出要"完善心理健康和精神卫生服务"，并在"加强妇女健康服务""促进儿童和青少年健康""促进老年人健康""维护残疾人健康"等方面阐述了加强全社会全人群的心理健康服务，提升人民心理健康水平的内容。

2022 年 6 月，国家卫生健康委办公厅印发的《关于开展老年心理关爱行动的通知》明确，2022—2025 年在全国范围内选取 1 000 个城市社区、1 000 个农村行政村开展关爱行动，到"十四五"期末原则上全国每个县（市、区）至少一个社区或村设有老年心理关爱点，各地按要求对老年心理关爱点常住 65 岁及以上老年人开展心理健康评估，重点面向经济困难、空巢（独居）、留守、失能（失智）、计划生育特殊家庭老年人。

2022 年 7 月，民政部等多部门联合印发的《关于健全完善村级综合服务功能的意见》提出，"（十）应急和社会心理服务。加强安全教育培训，做好用气、用电、用火以及地震、洪灾、火灾等监测、预警等工作。加强应急物资储备保障，健全应急广播体系，拓展突发事件预警信息发布渠道。加强村应急避难场所、救援站（点）建设，加强消防设施器材配备。开展群众性安全宣传教育和应急演练活动，引导社会应急力量有序参与应急处置。**支持引导各类社会工作服务机构开展社会心理**

服务。"

2022年8月，中共中央办公厅、国务院办公厅印发的《"十四五"文化发展规划》提出，"（三）加强和改进思想政治工作。贯彻落实《中共中央、国务院关于新时代加强和改进思想政治工作的意见》。加强形势政策教育和基本国情教育。加强大中小学思想政治建设，打造一批高等学校思政类公众号，完善领导干部、国企骨干、新时代先进人物等群体走进校园开展思想政治教育制度。**健全社会心理服务体系和疏导机制、危机干预机制，塑造自尊自信、理性平和、积极向上的社会心态。**"

2022年10月，党的二十大报告《高举中国特色社会主义伟大旗帜 为全面建设社会主义现代化国家而团结奋斗》的"九、增进民生福祉，提高人民生活品质"的"（四）推进健康中国建设"中提出"重视心理健康和精神卫生"。

为学习贯彻党的二十大精神，《党的二十大报告辅导读本》《党的二十大报告学习辅导百问》相继出版。《党的二十大报告学习辅导百问》中第75问，"为什么要重视心理健康和精神卫生？"书中指出："近年来，心理健康和精神卫生工作已经纳入全面深化改革和社会综合治理范畴，设立了国家心理健康和精神卫生防治中心，开展社会心理服务体系建设试点，探索覆盖全人群的社会心理服务模式和工作机制。"[4]《党的二十大报告辅导读本》中，《完善社会治理体系》一文在"三、社会治理的重点任务"的"（二）防控化解社会治安风险"中提出，"健全社会心理服务体系和疏导机制、危机干预机制，严防发生个人极端暴力案（事）件。"[5]《推进国家安全体系和能力现代化》一文提出"中国特色社会主义新时代，安全在人民对美好生活的追求中分量越来越重、越来越多样化层次化，从生命财产安全上升到安业、安居、安康、安心等各方面"。[6]

2022年12月，民政部、财政部、国家卫生健康委、中国残联四部门《关于开展"精康融合行动"的通知》提出，"用3年左右时间，基本形成布局健全合理、服务主体组成多元、形式方法多样灵活、转介衔接顺畅有序、管理机制专业规范的精神障碍社区康复服务体系"。

2023 年 3 月，《健康中国行动推进委员会办公室关于印发健康中国行动 2023 年工作要点的通知》指出，"（四）印发《全面加强和改进新时代学生心理健康专项行动计划（2023—2025 年）》《疫情形势下学生突出心理问题防治工作实施方案》。（教育部牵头负责）""（十八）开展青少年心理健康服务，依托 12355 青少年服务平台，开展生命教育、自护教育、心理咨询，持续开展中高考减压、青春自护、健康守护行动。（共青团中央牵头负责）""（二十一）开展老年心理关爱、老年口腔健康、老年营养改善等专项行动，推动实施老年人健康管理、老年健康与医养结合管理服务等基本公共卫生服务项目，组织实施社区医养结合能力提升行动。（民政部、国家卫生健康委按职责分工负责）"。

2023 年 4 月，教育部等十七部门印发《全面加强和改进新时代学生心理健康工作专项行动计划（2023—2025 年）》的通知，提出了新时代学生心理健康工作的主要任务，分别是"五育并举促进心理健康、加强心理健康教育、规范心理健康监测、完善心理预警干预、建强心理人才队伍、支持心理健康科研、优化社会心理服务、营造健康成长环境"。

2023 年 6 月，中共中央办公厅、国务院办公厅印发的《关于构建优质均衡的基本公共教育服务体系的意见》提出"加快学校心理辅导室建设，切实加强学生心理健康教育""建立健全学生心理健康问题定期筛查评估、早期识别与干预机制"。

2023 年 10 月，民政部、教育部、国家卫生健康委、共青团中央、全国妇联联合印发《关于加强困境儿童心理健康关爱服务工作的指导意见》，提出了"加强心理健康教育、开展心理健康监测、及早开展有效关爱、畅通转介诊疗通道、强化跟进服务帮扶、健全心理健康服务阵地"等六项主要内容。

⊃ 政策语境

从心理健康服务到社会心理服务

关于心理健康，《世界卫生组织宪章》指出：健康不仅是没有病和不虚弱，而且是身体、心理、社会功能三方面的完满状态。这一定义既说明了健康远不止于没有躯体疾病或失能，也明确了心理健康是个体健康不可或缺的组成部分。全面健康包括躯体健康、心理健康和道德健康三大部分，三者缺一不可、密不可分。换言之，心理健康是健康的重要组成部分，与我们每个人息息相关。

"心理健康"通常被理解为是人在成长和发展过程中，认知合理、情绪稳定、行为适当、人际和谐、适应变化的一种完好状态。心理健康者人格完整，自我感觉良好，情绪丰富而稳定；有较好的自控能力，能保持心理平衡，自尊、自爱、自信且有自知之明；不仅有安全感、自我状态良好，而且与社会契合，能以社会认可的方式适应外部环境；对未来有明确的生活目标，能切合实际、不断进取，有理想和事业的追求。简单来说，心理健康包括个体内部心理过程和谐一致与能够良好适应外部环境两个方面。心理健康者具有情绪稳定、自我悦纳等内在特征，外在又表现出良好的适应行为、人际关系及个人成就。此外，身心是一体的，身心同健康。健康的心理状态可以使人的生理功能处于良好的状态，反之则会降低或破坏某种功能而引发躯体疾病。现代医学已证明，感冒、肝炎、消化道疾病、心血管疾病甚至癌症等疾病都与人的心理因素关系极大，长期情绪不良可能会导致人体免疫力严重下降。现代心理学研究也发现，心理因素是影响个人创造性和潜在能力发挥的重要因素。心理健康者更能充分激发其心理的潜在能量，更能耐受挫折和逆境，更可能平稳渡过各种难关。在其他条件相同的情况下，其学习成绩更优，工作效率更高，对社会的贡献也就更大。

近年来，随着我国经济社会转型加快，人们的生活节奏加速，竞争压力不断加剧，心理健康问题与社会稳定安全、公众幸福感等交织叠加的特点日益凸显，也更加受到社会与大众广泛关注。目前，我国的心理心态问题在个体、群体、社会多个层面皆有所体现，同时许多问题的产生也与这些方面有所关联。

首先，在个体层面：近些年来，我国存在常见精神障碍和心理行为问题的人数逐年增多，抑郁障碍患病率达到2.1%，焦虑障碍患病率达4.98%。截至2017年底，全国已登记在册的严重精神障碍患者581万人。同时，公众对常见精神障碍和心理行为问题的认知率仍比较低，更缺乏防治知识和主动就医意识，部分患者及其家属仍然有病耻感。此外，因个人极端情绪引发的恶性案（事）件时有发生。

其次，在群体层面：一些重大突发事件会给民众带来心理困扰。以新冠疫情为例，疫情下病人和家属会出现典型的应激反应，约有5% ~ 10%的人可能会在事件发生一个月后发展为创伤后应激障碍，一般大众也易出现情绪、行为和睡眠方面的问题甚至障碍，因此疫情期间加强心理干预、疏导极为重要。此外，个人或群体性极端或恶性事件会对社会公众产生心理冲击。在因个人极端心理引发的恶性案（事）件中，作案人内心往往缺乏对生命的尊重和怜悯并企图通过制造恶性案（事）件来发泄对生活的不满。作案人极端心理的形成存在发展的过程，若能尽早识别并干预其心理形成过程或疏导形成后的极端情绪，尽量减少心理应激刺激，就可能降低恶性事件发生的概率。

最后，在社会心理层面：中国社会半个世纪以来的快速发展对国民心理和行为产生了深远影响。蔡华俭等人的研究表明，中国人的心理变化在整体上表现出如下倾向：第一，与现代社会相适应的个体主义价值和心理行为日益盛行；第二，传统社会所强调的集体主义价值虽减弱，但仍发挥重要作用；第三，多元文化共存将是当下和未来中国社会的重要特征。其他的一些心理心态变化还包括：一般信任在下降、幸福感先前下降但近年来有上升的迹象、心理健康总体水平上升但是不同社会群体升降不一致、总体的负性情绪在增加、性观念更为开放和包容等。[7] 良好的社会心态的培育需加强优秀传统文化熏陶与积极促进引导，将其纳入制度化、程序化解决轨道，多措并举，培育自尊自信、理性平和、积极向上的社会心态。

为有效应对逐渐突出的心理健康问题，我国开始不断加强心理健康服务。心理健康服务是指运用心理学及医学的理论和方法，预防或减少各类个体的心理行为问题，促进心理健康，提高生活质量，主要形式有心理健康宣传教育、心理咨询、精神疾病治疗、心理危机干预等。2016 年 22 部门联合发布的《关于加强心理健康服务的指导意见》指出，现有的心理健康服务状况远远不能满足人民群众的需求及经济建设的需要，加强心理健康服务、健全社会心理服务体系迫在眉睫。该文件提出的目标是，到 2020 年，全民心理健康意识将明显提高。各领域各行业普遍开展心理健康教育及心理健康促进工作，加快建设心理健康服务网络，服务能力得到有效提升，心理健康服务纳入城乡基本公共服务体系，重点人群心理健康问题得到关注和及时疏导，社会心理服务体系初步建成。

传统心理健康服务重点关注个体心理健康，但随着心理健康问题维度日趋多样化，国家也开始注重以心理健康服务为基础实现覆盖范围更广泛的社会心理服务。2018 年，10 部门联合发布的《关于印发全国社会心理服务体系建设试点工作方案的通知》中提出的工作目标为，到 2021 年底，试点地区逐步建立健全社会心理服务体系，将心理健康服务融入社会治理体系、精神文明建设，融入平安中国、健康中国建设。建立健全党政领导、部门协同、社会参与的工作机制，搭建社会心理服务平台，将心理健康服务纳入健康城市评价指标体系，作为健康细胞工程（健康社区、健康学校、健康企业、健康家庭）和基层平安建设的重要内容，基本形成自尊自信、理性平和、积极向上的社会心态，因矛盾突出、生活失意、心态失衡、行为失常等导致的极端案（事）件明显下降。值得注意的是，该方案一直在强调"群体"的多样化服务，如在"一、指导思想"中的"加强重点人群心理健康服务"及正文中提到的"高危人群""特殊人群""矛盾突出、生活失意、心态失衡、行为失常人群""弱势群体""群体危机管理"和"心理问题人群"等。此外，除传统的心理健康服务方式外，也新增了如"家庭关系调适"和"救助帮扶"等服务和社会支持方式，并强调发展心理健康领域社会工作者专业队伍，建立社区、社会组织、社会工作者"三社联动"机制，通过发挥社会工作专业人员的优势来提供服务。

可见，从心理健康服务到社会心理服务，国家更加强调主动提供面向全社会、全人群和全领域的多元化服务，服务对象更广泛、服务模式更主动、服务网络更宽广、服务形式更多样。社会心理服务体系建设的提出与加强正是这一变化在政策层面的显著体现。例如，社会心理服务体系在抚慰病患与医务人员心理创伤、缓解大众心理焦虑、调节社会心态方面发挥着非常重要的作用。从中国心理学会带头开展抗击疫情的"安心"计划，到各个高校及社会心理服务机构有针对性分级分类面向新冠感染者和社会大众提供全方位的社会支持，疫情带来的社会冲击得到极大缓解。传统的心理健康服务着重为存在心理问题或精神疾病的患者提供服务，从而预防或减少个体心理行为问题，促进心理健康。随着时代发展与社会进步，侧重于个体的心理健康服务已难以满足人民日益增长的美好生活需要，时代呼唤更加全方位、全覆盖、多元化的社会心理服务体系建设。

社会心理服务融入社会治理

回顾党中央关于社会心理服务体系建设的一系列重大决策部署，我们看到"社会心理服务体系建设"最初就是在"加强与创新社会治理"的整体布局下提出的，而后再进一步面向维护社会稳定和安全，助力平安中国建设。国家要求各级党委、政府将"健全社会心理服务体系和危机干预机制"作为健康中国、平安中国建设的重要内容，要求尽快建立健全工作机制和目标责任制，推动形成部门齐抓共管、社会力量积极参与、单位家庭个人尽力尽责的工作格局。"社会心理服务体系建设"的提出恰逢党的执政理念和政策思路从"社会管理"转向"社会治理"，这种转变反映党对社会运行规律和治理规律认识的深化，社会心理服务体系建设正是加强柔性社会治理的重要体现。社会治理的核心是人，社会心理服务体系侧重从人的角度找出社会治理各项工作的结合点。一方面，社会心理服务体系更关照内化于人民心中柔性力量的"内在秩序"，进而促进和完善个体和群体的行为模式和社会整体的运行模式，实现个体、群体遵循社会规则有序进行行为表达，从而增强社会治理各项工作的有效性、落地性及人民群众的参与度。另一方面，社会治理的全过程都伴随着人的心理行为活动，若能理解把握心理行为活动的变化规律，准确分析工作对象的心理特点和人格特征，敏锐捕捉解决问题的时机，有针对性地进行心理疏导与危机干预，再通过联动社会资源来矫正解决，从根源上挖掘并消除产生社会问题的病灶，将有助于提高化解矛盾纠纷及解决其他社会治理难题的质量和效率。

社会治理体系强调共建共治共享，建设人人有责、人人尽责、人人享有的社会治理共同体。这提示我们要以系统观念看待社会心理服务体系建设，统筹微观、中观、宏观，个体、群体、社会之间的有机联系。社会心理服务体系的提出体现了国家与政府不仅以实现个体、群体、社会心理心态健康为目标，而且开始主动运用心理学、社会工作等学科的理论与方法解决民众生产生活的实际问题，提升人民心理健康水平与幸福感，培育良好的社会心态，推进社会治理现代化，实现社会安定和谐进步，实现健康中国、平安中国、幸福中国的重要时代趋势。因此，如何贯彻落实党中央的决策部署，切实发挥社会心理服务体系建设的社会治理效能，以解决社会治理难题为导向，运用心理工作的方法、社会工作的模式、社会治理的思维，为广大的一线社会治理工作者赋能，有效提升基层社会治理的能力与水平，是当下亟须进行的理论与实践探索。

第二节 全面准确认识社会心理服务体系的概念内涵

社会心理服务体系建设关系广大民众的健康幸福，也关乎社会和谐、国家稳定和民族未来。准确把握社会心理服务体系建设的价值内涵，明晰发展定位，找准结合方向，可对社会心理服务体系建设理论与实践探索提供重要的方向指引。

● 概念界定

应该说，党的十八大以来社会心理服务体系建设的"组合拳"层层推进、纲举目张，从心理健康服务体系到社会心理服务体系，我国从"侧重个体心理健康的心理健康服务体系，助力健康中国建设"，开始转变为面向"个体、群体、社会提供多元化服务的社会心理服务体系，助力健康中国、平安中国与幸福中国共同建设"。政府开始积极调动各类社会力量提供多元化的心理服务，预防和解决个体、群体、社会层面的各类心理心态问题及其他社会问题，逐步建立起了科学、有效的社会心理服务体系。

社会心理服务体系的定义

综合调查研究与学理分析，社会心理服务体系的定义可阐释为：基于中国国情和文化，在政策规范引领下，运用心理学、社会工作等学科的理论与方法，积极主动预防和解决个体、群体与社会层面的各类问题，提升社会治理效能和民众幸福感，形成的全方位、全周期、多元化的社会支持系统。

为了更形象地阐明社会心理服务体系概念的定义，我们可结合图 1-1 所示的家园模型来做进一步的解释。概括来说，"家园模型"整体为一座二层楼高的房子，第一层是内涵要求与基础部分，第二层是实践要求与发展部分，楼梯是指连接一层、二层的方式方法，即在实践中不断探索、完善形成的可落地、可操作的实践模式，最终各要素完备之后会形成一个如美好家园一般的全方位、全周期、多元化的社会支持系统。

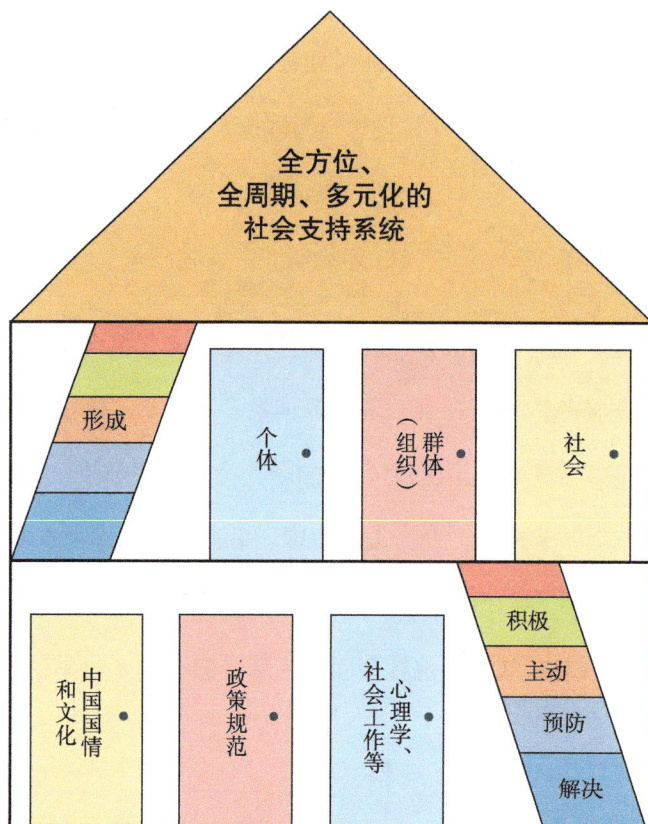

图 1-1　家园模型

具体来看，首先，"家园模型"的第一层是基于中国国情和文化，在政策规范引领下，运用心理学、社会工作等学科的理论与方法，这是社会心理服务体系的内涵要求。基于中国国情和文化，植根中国大地，以中华优秀传统文化为指引，契合中国现阶段发展需要，以确保实事求是、循序渐进；在政策规范指引下，健全科学长效工作机制，加强科学化、制度化、法治化建设，完善保障与评估体系；以多学科知识与方法作为理论基础，促进体系建设的科学、有效、规范。其次，楼梯指社会心理服务的实践模式，即社会心理服务体系建设的方式方法为积极主动地预防和解决。再次，第二层指社会心理服务体系建设的目标与发展，即致力于解决个体、群体与社会层面的各类问题，建立个体 - 群体 - 社会全过程支持链，实现系统有效的全覆盖，提升社会治理效能和民众幸福感。最后，形成全方位、全周期、多元化的社会支持系统，目的是构建我为人人、人人为我、互助自助的社会关系，这是切实做到全心全意为人民服务的重要方式方法，也是促进社会安定和谐的重要手段工具。

社会心理服务共同体

我们可结合图 1-2 所示的共同体模型来生动说明社会心理服务体系的定义及理想建设效果。"社会心理服务共同体模型"整体形态为一个人人参与、人人共享的球体，象征着人人共生的生命、生活、生产共同体和人人互帮、互助、互爱的社会支持系统。球体正中央的小球代表了社会心理服务体系的服务对象，即来自各行业、各领域的全体人民群众，强调在以人民为中心的核心统领下，切实形成全方位、全周期、多元化的社会支持系统。政策规范位于球体的最顶点，强调社会心理服务体系建设必须以党和国家的大政方针为方向指引，紧密围绕政策、践行政策。国情与文化是球体厚实的根基，强调在建设社会心理服务体系的过程中必须贴近实际、符合现状、解决问题，要深深扎根于绵延不断的中华优秀传统文化并从中汲取智慧营养。心理工作、社会工作、社会治理三条框架整合搭建起了一个支撑起球体的三棱锥，强调只有心理工作、社会工作、社会治理三者融合才能真正实现社会心理服务体系建设的目标和功能。最后，服务实践贯穿整个共同体并支撑着整个共同体的转动，自上而下的竖轴连接政策规范、人民群众和国情文化，说明社会心理服务体系建设是基于中国本土提出的、解决生产生活实际问题的具体方式方法，必须要在服务实践中才能解决问题、创造价值。

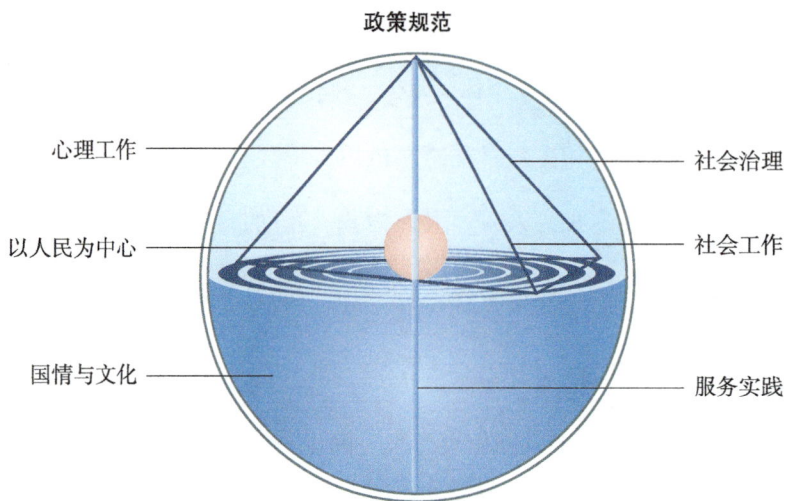

图 1-2　共同体模型

总而言之，社会心理服务体系是基于我国国情和实践提出并逐步形成发展的，它由政府主导推进，体现中国特色，具有主动性、广覆盖、多层次等特点，是我国公共服务体系与社会治理体系的重要组成部分，也是一项利国利民的重大社会政策。社会心理服务体系最终的建设目标是要建成以人民为中心，以中国国情与文化为基础，融合心理工作、社会工作、社会治理的综合性服务实践，完善全方位、全周期、多元化的社会支持系统，提升人民身心健康水平和社会治理能力，推进健康中国、平安中国和幸福中国建设的社会心理服务共同体。

"社会心理服务体系建设"十字解读

可通过如下十个字，即五个关键词组准确把握社会心理服务体系建设的概念内涵。

1. 社会。"社会"是指服务对象为全社会、全人群、各领域。"社会"强调高度和广度。高度是指社会心理服务体系站在助力健康中国、平安中国、幸福中国建设的时代高度，立意深远、着眼未来；广度是指覆盖面，即社会心理服务的对象是社会整体，通过全方位、全周期、多元化的社会支持，实现个体、群体、社会全覆盖。

2. 心理。"心理"是指服务手段以心理专业理论技术为主，兼容社会工作、社会治理等多领域知识技能。"心理"是核心，强调角度和深度。角度是指社会心理服务体系强调从心理的角度，深层次解决人民群众和社会的实际问题。一方面致力于预防和改善各类个体、群体心理问题和不良社会心态，全面提高心理素养、促进心理和谐；另一方面主动运用心理工作的方法、社会工作的模式、社会治理的思维解决个体、群体与社会层面的各类问题，提升人民的心理健康水平与幸福感，培育良好的社会心态，推进社会治理现代化，实现社会安定和谐进步。深度是指社会心理服务体系建设放眼于国民素质和社会文明程度达到新高度的远景目标，切实推动社会主义核心价值观深入人心，提高人民思想道德素质、身心健康素质，丰富人民精神文化生活，促进人民的全面发展和社会全面进步，形成适应新时代要求的思想观念、精神面貌、文明风尚、行为规范，提高国家文化软实力。

3. 服务。"服务"是指根本宗旨，即全心全意为人民服务，通过综合性服务实践解决生产生活实际问题，满足人民日益增长的美好生活需要。"服务"重在态度和温度，也是实践模式。态度是指社会心理服务体系通过积极主动的多元化、多维度、多层次服务，拉近人与人的距离，提供人对人的相互关爱，增强人与人的相互支持，达到人人幸福的目的；温度是指社会心理服务的本质是全方位、全过程、全周期地为人民服务，要尊重服务对象，适度关心关爱，做到温暖有效彰显人文关怀。

4. 体系。"体系"是指顶层设计，指搭建全方位、全周期、多元化的社会支持系统。"体系"是制度和维度。制度是指社会心理服务体系的顶层制度和基本框架由组织体系、运行体系、反馈和评价体系、保障体系构成，它们相辅相成、有机统一。维度是指社会心理服务体系由各级卫生健康部门和政法部门牵头协调，宣传、教育、公安、民政、司法行政、财政、信访、残联等部门共同参与、密切配合，形成人、财、物、机构、机制等多要素联动的全方位、多层次、多元化的社会支持系统。

5. 建设。"建设"是指实践目标，即提升社会治理效能和民众幸福感，助力健康

中国、平安中国和幸福中国建设，推动中国式现代化。"建设"强调力度和进度。力度是指社会心理服务体系通过健全党政领导、部门协同、社会参与、专家支持、媒体宣传的科学长效工作机制，真抓实干、久久为功、落地落实。进度是指社会心理服务体系建设坚持目标导向和问题导向相结合，坚持守正和创新相统一，坚持新发展理念，坚持系统观念，探索符合各地区发展现状的特色社会心理服务模式，循序渐进地推进体系建设。

● 内涵特征

本质：以心理建设为核心链接的社会支持系统

社会心理服务体系本质上是由政府主导推进，多部门、各社会专业机构运用心理学的专业技术方法、社会工作的利他助人和主动服务模式及社会治理学的科学思维理念，开展主动性、广覆盖、多层次社会支持的工作，其本质属性是以心理建设为核心链接的社会支持系统，是促进社会治理现代化的重要手段和工具，是全心全意为人民服务的基本方式方法，是协调好各种社会关系的桥梁和纽带。

一是有针对性地开展不同层次、不同程度的全覆盖社会心理服务。在城乡社区、教育系统、机关企事业单位和医疗卫生机构等建立健全社会心理服务网络，实现全空间场域的有效覆盖；对心理健康、心理亚健康、存在心理问题或精神疾病、重性精神疾病等不同人群的不同心理特点和需求配套不同的服务措施，实现全人群的有效覆盖；针对职业人群、社会弱势群体、特殊群体、心理危机人群、严重精神障碍患者等制订个性化服务方案，实现重点人群的有效覆盖；健全社会心理服务链，充分利用心理健康服务体系解决个人心理困扰，针对个体和群体的心理问题，必要时协同家庭、学校、社区及专业机构等进行干预和引导，疏导个体和群体的负面情绪、化解矛盾冲突、打造群际和谐氛围，针对社会问题，协同相关部门解决，实现个体、群体和社会全服务层次的有效覆盖；既要注重在实体层面给予充分的软硬件支持，又要搭建心理援助服务平台、心理健康科普宣传网络等，打造沉浸式积极心态培育空间，实现多元服务模式的有效覆盖。

二是融入全周期社会治理体系，通过给予从源头到末梢的全过程社会支持，把可能带来重大社会风险的隐患发现和处置于萌芽状态。**事前**，坚持关口前移，做好源头预防。一方面，充分发挥在社会治理中源头预防的作用，依靠完善的社会心理服务网络与心理测评，加强心理问题发现和心理危机识别，跟进关注矛盾突出、生活失意、心态失衡、行为失常等人群的心理状况，根据危险程度有针对性地分级分类做好风险防范、危机化解工作；另一方面，健全畅通有序的诉求表达渠道，及时梳理、反馈心理评估中发现的社情民意和民众需求，及时发现和掌握各类心理问题及突发事件的苗头，并通过心理疏导、干预及形式多样的社会心理服务项目，实现社会减压。**事中**，加强对个体、群体心理和社会心态的积极引导与精准干预。建立完善全链条、多层次的心理健康服务机制，根据个体心理问题的严重程度和风险水平进行分级分类，实现心理热线、心理评估、心理干预等服务的衔接递进。把握问题个体所在群体的心理动向，防止产生弥漫性的消极心理暗示与社会心态影响。在重大突发事件发生时，立即组织开展个体危机干预和群体危机管理，及时处理急性应激反应。**事后**，建立定期跟进的长效支持保障机制。面对突发的个人极端案（事）件，积极引导民众中弥漫的负面心理，重视修复事件所造成的心理创伤。对从心理问题中逐渐恢复的民众要激发其内在潜能，增强其积极心理品质。对于心理问题背后反映的与群体切身利益有关的社会问题，联动相关部门提供实际的社会支持。

目标：建设健康中国、平安中国、幸福中国

社会心理服务体系建设的目标，也就是要解答社会心理服务体系最终要形成什么、为谁服务的问题。在概念内涵中，本书已经阐明社会心理服务体系建设重在解

决个体、群体与社会层面的各类问题，统筹推进健康中国、平安中国与幸福中国建设。因此我们可以将社会心理服务体系建设的目标形象地看作三级阶梯，以健康中国为基础，以平安中国为保障，最终目标是实现幸福中国。阶梯模型如图1-3所示。

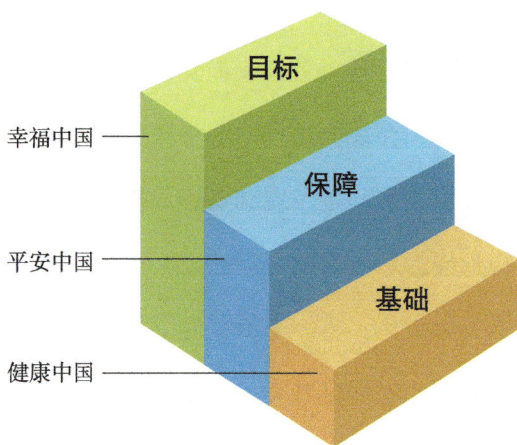

图 1-3　阶梯模型

在健康中国层面，要防治身心疾病、减少身心问题、维护身心健康、提升身心素质、促进身心和谐、达到身心幸福。社会心理服务体系旨在实现"从负到正、从低到高、从少到多"，从仅仅或过分强调心理疾病患者的治疗到关注全人群的心理健康素养提升。很多时候，当我们谈及个人的身心健康和身心问题时，往往侧重于身心疾病。实际上，大部分群体更需要提升身心素养，促进身心和谐，提高个人幸福感。真正存在身心疾病的人只占据人群中的少数。为此我们应祛邪扬正，积极发挥前端预防的作用，注重提高身心素质，身心疾病和身心问题自然就会减少。

为实现健康中国的目标，实践层面可在如下方面发力。一是通过建立健全社会心理服务网络，实现村（社区）、中小学校、机关企事业单位、精神专科医院等逐年提高建成社会心理服务场所的比例，确保服务有阵地。二是通过发展心理健康领域的社会工作者专业队伍、培育心理咨询人员队伍、发展医疗机构心理健康服务队伍、组建心理健康服务志愿者队伍、培育心理危机干预队伍等，加强社会心理服务工作者人才队伍建设，确保服务有人员。三是建立健全心理援助服务平台，将心理危机干预和心理援助纳入各类突发事件应急预案和技术方案，实现重大突发应急事件的心理援助。四是完善严重精神障碍患者服务工作机制，多渠道开展严重精神障碍患者日常发现、登记报告、随访管理、危险性评估、服药指导、心理支持和疏导等服务。五是健全心理健康科普宣传网络，广泛宣传"身心同健康"等健康意识和科普知识，提高社会大众心理健康核心知识知晓率。六是提高心理素质，使大众基本掌握抑郁、焦虑等常见心理行为问题的识别方法，以及情绪调节、压力管理等自我心理调适方法，对有心理问题的人群及时进行疏导、干预，必要时联系专业医疗机构治疗。

在平安中国层面，要防止极端社会案（事）件发生、加强社会治理、维护社会安定、促进社会和谐、提升社会文明、达到社会幸福。社会心理服务体系在注重提高个体的心理健康和心理素养的基础上要防范化解社会风险，促进社会和谐，提升社会文明，加强精神文明建设，最终提升全社会的整体幸福感，实现人民群众物质生活和精神生活的共同富裕。

为实现平安中国的目标，实践层面可在如下方面发力。一是依靠完善的社会心理服务网络与常态性心理测评做好社会治理中的源头预防，强化对各类社会风险隐患的源头发现，提高风险预见、预判能力，把各类社会不良心态和苗头隐患疏导在早、化解在小。二是通过健全畅通有序的诉求表达渠道，及时梳理、反馈心理评估中发现的社情民意和群众需求，提高预测预防各类社会风险、社会矛盾的能力，确保把大矛盾大风险化解在市域，把小矛盾小问题解决在基层。三是关注不同群体和阶层的心理状态，包括弱势群体、重点人群、高危人群和不同职业群体等，定期进行心理排查，做好源头预防、风险防范、心理疏导、危机化解的工作。四是运用社会心理服务体系实现诉源治理，发挥科学专业的心理学理论与方法在人民调解、行政调解和司法调解等中的作用,从源头上低成本、高效率地化解纠纷。五是发挥好社会心理服务体系在科学推动信访工作中的作用,化解信访矛盾,提高信访积案化解率。

最终在幸福中国层面,从个体、家庭、邻里、组织、政府和国家这六个层级上看,要实现**个体积极向上、家庭和睦温馨、邻里团结互助、组织高效关爱、政府公正法治、国家富强民主**;从经济、政治、文化、社会、生态、精神层次上看,要实现**经济开放富强、政治风清气正、文化繁荣兴盛、社会安定和谐、生态美丽宜居、精神文明富足**。

如图 1-3 所示,模型中的基础、保障和目标呈三级阶梯状上升,这也阐述了健康中国、平安中国与幸福中国的关系。首先,健康中国是基础。社会心理服务体系重视维护个体和群体的身心健康,提升人民心理健康水平与幸福感。其次,平安中国是保障。社会心理服务体系不仅关心个体和群体的健康,更要保障社会的健康平安,培育良好的社会心态,推进社会治理体系和治理能力现代化,实现社会安定和谐进步。最后,建设幸福中国是最终目标。社会心理服务体系积极推进社会主义精神文明建设,努力实现人民群众物质生活和精神生活的双重富裕。使健康中国、平安中国和幸福中国这三个步骤互相关联、互相交织,构成一个有机整体。

特征:全方位、全周期、多元化

随着心理健康问题的发生形式和原因日趋多样化,仅仅关注个体心理健康已经无法满足中国社会现阶段的发展需求与人民日益增长的美好生活需要。因此,国家开始注重以心理健康服务为基础,实现覆盖范围更全面的社会心理服务,也就是从侧重个体心理健康的心理健康服务体系转变为面向个体、群体和社会提供多元化服务的社会心理服务体系,走出一条新时代具有中国特色的社会心理服务体系建设发展之路。

我们可对照图 1-4 的鱼缸模型更好地理解社会心理服务体系的特征。如果把人们生存的社会比喻为一个鱼缸，传统的心理工作重点关注的是鱼缸里鱼的健康问题，而社会心理服务体系则是关注整个鱼缸的问题，包括鱼、水及整个鱼缸里的环境"生态圈"等。社会心理服务体系是积极主动推进各方面要素同频共振、多向发力、实现整个"生态圈"的健康，也是在更宏观、系统化的轨道上解决鱼和环境（社会）的问题。同理，具体到个体身上，个体的身心健康包括心理和生理两方面，引发身心问题的因素，除了个体本身，还受到外部环境、文化特色、遗传因素、生活方式等带来的影响。要解决一个人的身心健康问题，不能仅仅靠改变个体，也要依靠优化整个生态环境系统来实现。

社会心理服务体系

图 1-4　鱼缸模型

因此，根据鱼缸模型的形象化比喻，我们看到社会心理服务体系呈现出全方位、全周期、多元化的特征。在服务组织上，社会心理服务体系强调全系统，即在党政领导下，各行业领域、社会组织机构与人民群众共同完成。在服务人群上，社会心理服务体系涵盖全人群，即全体人群、心理亚健康人群及其家属、特殊重点人群。从生命全程来看，社会心理服务体系覆盖生命全周期，即婴幼儿期、儿童青少年期、成年期和老年期。在服务环节上，社会心理服务体系建设强调全过程，从源头宣传教育、前端"预防＋评估"（筛查）、中端"干预＋治疗"、后端"康复＋追踪"，到后期的持续关注保障。在服务领域上，涵盖机关企事业单位系统、学校教育系统、医疗卫生系统、基层社区及农村系统四大系统。在服务内容上，包括科普宣传、测评筛查、教育培训、咨询服务、危机干预与管理、保障与评估这六大内容体系。在服务要素上，开展社会心理服务体系建设必须具备专门的人、财、物、机构、机制这五大要素。

此外，也可以从心理健康服务体系到社会心理服务体系建设的十大转变这一角度去理解社会心理服务体系全方位、全周期、多元化的特征。

1. **从治疗到预防。** 从出现心理问题、精神疾病寻求心理健康服务机构、专业卫生医疗机构进行心理治疗，到关口前移，事前做好心理问题及背后社会问题的源头预防。

2. **从健康到素养。** 从发现心理问题、减少精神疾病、维护心理健康到提升心理素养、提高幸福感，实现身心协调全面发展、身心健康素质明显提高。

3. **从自助到互助。** 从自我心理调节或寻求专业心理机构的帮助等，到形成人人互相帮助，加强人与人的关系和链接，以及组织机构主动提供关爱与支持。

4. **从治病到治国。** 从预防或减少各类心理行为问题，促进心理健康，到推动健康中国、平安中国建设，维护社会稳定和安全，实现国家长治久安。

5. **从被动到主动。** 从大众寻求心理健康服务机构、专业卫生医疗机构进行心理健康服务，到政府主动提供面向社会、群体、个体的多元化社会心理服务。

6. **从个体到整体。** 从卫生健康部门关注个体心理健康，到多政府部门、全社会整体性关注个体心理、群体心理、社会心态的健康。

7. 从单一到系统。从单一的心理咨询、心理治疗、心理危机干预等服务模式，到全社会系统性、多层次、广覆盖提供社会支持，服务网络更宽广。

8. 从有偿到无偿。从心理行为问题人群有偿寻求心理健康服务，到政府、各组织单位积极主动提供公益性、免费的社会心理服务。

9. 从咨询到服务。从心理咨询、心理治疗、心理危机干预等专业治疗，到进行全方位、多元化、主动的社会心理服务，服务形式更多样。

10. 从心理到实际。从仅仅重视心理问题的解决，到联动各部门、单位组织运用心理学、社会工作等学科理论与方法妥善解决各类社会实际问题。

总体来说，社会心理服务体系建设强调全方位、全周期、多元化，开展各类人群、各个领域的心理服务工作，打造全周期支持体系，提供多元化体系服务。

● 社会心理服务体系与其他相关概念辨析

自从社会心理服务体系这一概念提出，社会各界对社会心理服务体系与其他相关概念的区别与联系就存在着各式各样的解读。不少解读未能正确反映社会心理服务体系的内涵和外延而导致出现了一些认识误区与实践偏差。

一方面，不少实践者误将社会心理服务体系等同于心理健康服务体系，在实施中又把心理健康服务体系理解为心理（精神）健康工作，更有甚者将其缩减为心理（精神）疾病防治，最后直接缩减为精神疾病的诊断与治疗。诚然，心理健康服务体系是社会心理服务体系的重要基础，精神卫生专业可以为社会心理服务工作提供专业指导与支持，但社会心理服务体系建设是在传统心理健康服务体系基础上的延伸和拓展，应囊括所有人群，打造全方位、立体化、多角度的系统，提供体系化服务，需要多部门、多机构、全人群广泛融入参与，切不可将其内涵、外延和影响范围过度缩减。

另一方面，不少观点以学科归属为依据，从某一心理学学科分支的角度孤立地看待社会心理服务体系。例如，有学者仅仅把社会心理服务体系建设视为社会心理学这一心理学分支学科的应用实践，过于侧重个体和群体在社会相互作用中的心理和行为发生及变化规律。这种观点缺乏辩证思维、有失偏颇，无论是在党和国家对社会心理服务体系进行设计设定之初还是后来在各地实施探索建设的实践过程中，社会心理服务体系建设的内涵和外延都远远超过某个单一学科所能涉及的范围。[8] 社会心理服务不仅涵盖心理健康服务，还包括综合运用心理学各分支学科研究成果，也包括通过研究个体和群体的心理与行为规律来指导国家公共政策制定和社会治理等社会实践，以满足国家和社会需求。[9]

此外，要更准确地理解和把握社会心理服务体系同其他相关概念的区别与联系，我们还需深入研习两个标志性文件，即《关于加强心理健康服务的指导意见》（以下简称《指导意见》，详见附录）与《关于印发全国社会心理服务体系建设试点工作方案的通知》（以下简称《试点工作方案》，详见附录）。

《指导意见》开宗明义指出，"现就加强心理健康服务、健全社会心理服务体系提出如下指导意见"，心理健康服务与社会心理服务体系被并列提出。文件前言强调了心理健康服务对于实现公众健康幸福、社会和谐稳定、国家长治久安的重要意义，可见其立意已不再局限于个体心理健康，更扩展到社会与国家层面。文件正文不仅提到了"积极推动心理咨询和心理治疗服务"等个体心理健康服务的内容，也提到了通过"搭建基层心理健康服务平台""加强重点人群心理健康服务"等调节群体心理、社会心态的内容，还单独提出了"加强严重精神障碍患者服务"的相关内容，可见心理健康服务承担了更多社会功能。文件指出社会心理服务体系的基本目标是，到 2020 年，全民心理健康意识明显提高。各领域各行业加快建设心理健康服务网络，心理健康服务纳入城乡基本公共服务体系，重点人群心理健康问题得到关注和及时疏导，社会心理服务体系初步建成。**可以看出，心理健康服务体系是基础，社会心**

理服务体系在其之上侧重强调健康的群体心理和社会心态。

《试点工作方案》在指导思想中强调，"按照《关于加强心理健康服务的指导意见》等法律规划政策要求"，可见它是《指导意见》内容的延伸。文件在工作目标中提到，"基本形成自尊自信、理性平和、积极向上的社会心态，因矛盾突出、生活失意、心态失衡、行为失常等导致的极端案（事）件明显下降"，群体心理与社会心态是方案重点关注的内容。但《试点工作方案》工作指标包括"以村（社区）为单位，心理咨询室或社会工作室建成率80%以上""高等院校普遍设立心理健康教育与咨询中心（室）"等内容，其实质是心理健康服务基础设施的建设。此外，在文件的"建立健全社会心理服务网络"中，部分内容如"搭建基层心理服务平台""提升医疗机构心理健康服务能力""完善严重精神障碍患者服务工作机制"等本质上是《指导意见》内容的进一步阐述。综上可见，**社会心理服务体系建设虽强调健康的群体心理和社会心态，但心理健康服务体系仍是其基础和重点。而且社会心理服务体系更加强调发挥保持社会安定和谐的作用。**因此，《试点工作方案》在前言中明确提到，"努力建设更高水平的平安中国，推进国家治理体系和治理能力现代化，加快实施健康中国战略，促进公民身心健康，维护社会和谐稳定"，健康中国和平安中国都是社会心理服务体系建设的目标。

基于两大标志性文件的研习，我们可参见图1-5漏斗模型对社会心理服务体系及其相关概念进行辨析，更好地厘清概念之间的关系。漏斗模型形象地呈现了目前普遍存在的对社会心理服务体系的认知范围维度由上至下逐渐缩减的现象。"漏斗"由上至下依次包括社会心理服务体系、心理健康服务体系，心理（精神）健康、心理（精神）疾病和精神疾病五大层面，具体包括以下几个部分。

图 1-5　漏斗模型

1. 社会心理服务体系。社会心理服务体系是全方位、多层次、多元化的社会支持系统。主要工作是积极主动地预防和解决个体、群体与社会层面的各类问题。社会心理服务体系涉及综合多个专业学科，包括心理学、社会工作、社会学、教育学、法学等，是卫健委、政法委"双牵头"，党政领导、多部门协同、社会参与的工作机制。

2. 心理健康服务体系。心理健康服务体系是运用心理学及医学的理论和方法，预防或减少各类心理行为问题，促进心理健康，提高生活质量而形成的部门联动、社会参与的综合系统，主要包括心理健康宣传教育、心理咨询、心理治疗、心理危机干预等，涉及心理学、医学、精神病学等专业，由卫健委牵头，多部门协调配合。

关于心理健康服务体系与社会心理服务体系二者的关系可理解为：**心理健康服务体系是社会心理服务体系的基础和重点，而社会心理服务体系是心理健康服务体系的延伸和发展**。在服务要求上，社会心理服务强调主动提供面向个体、群体、社会的多元化服务，服务模式更主动、服务网络更宽广、服务形式更多样；在服务目标上，社会心理服务强调健康的个体心理、群体心理和社会心态，并发挥推进社会治理现代化、实现社会安定和谐进步的作用。应该说，只有心理健康服务体系的软硬件设施、人才队伍建设等到位，社会心理服务体系才能更好地发挥作用，而围绕各个领域、各类人群进行的全周期心理服务，会为个体的心理健康提供有效保障、构筑厚实屏障。

3. 心理（精神）健康。 心理（精神）健康是人在成长和发展过程中，认知合理、情绪稳定、行为适当、人际和谐、适应变化的一种完好状态，主要涉及心理学、医学、精神病学等专业。

4. 心理（精神）疾病。 心理（精神）疾病是由内部、外部致病因素作用于人而造成脑功能障碍，从而破坏了人脑功能的完整性和个体与外部环境的统一性所致[10]，主要涉及健康心理学、变态心理学、医学等专业。

5. 重性精神疾病。 重性精神疾病是指由于大脑机能活动发生紊乱而导致出现认识、情感、行为和意志等精神活动不同程度障碍的疾病总称，主要涉及精神病学专业。[11]

心理健康和精神健康、心理疾病和精神疾病实际上并无太大差别，区别在于不同专业领域的不同解读。但是心理疾病或精神疾病不等同于我们俗称的"精神病"，"精神病"是指重性精神疾病。

第二章

全国社会心理服务体系建设试点工作回顾

2

三年试点期间，各地区在卫健委政法委"双牵头"、各政府部门联动下，立足实际、需求导向，丰富发展、创新推进，将政策理论和方法技能融汇于各地各具特色的社会心理服务实践中，将社会心理服务体系全方位融入经济社会发展的各领域、各行业和全过程、全流程，探索建设了兼具时代特征、地域特点、文化特色的中国特色社会心理服务体系，体系不断健全完善，规范标准有序提升，管理水平得到优化，服务队伍专业化、实效性增强，服务能力显著提升，我国社会心理服务体系建设焕发强大生机，正朝着更加全面、更高质量、更富活力的方向发展。

第一节　全国社会心理服务体系建设试点工作总结

⮑ 社会心理服务网络逐步健全，服务能力有效提升

各地区根据当地实际需求夯实基层社会心理服务平台，健全机关企事业单位系统、学校教育系统、医疗卫生系统及基层社区与农村系统的社会心理服务网络，规范发展社会心理服务机构，建立心理援助服务平台，完善重性精神障碍患者服务工作机制，针对重点人群和重点场域探索有效的服务方法。通过提供形式多样、具有针对性的高质量社会心理服务，实现了服务人群的有效覆盖。

⮑ 社会心理服务融入百姓生产生活，提供全周期社会支持

各地区坚持"社会心理服务 +"的理念，结合人民群众多层次、差异化、个性化的需求，探索将社会心理服务融入百姓工作与日常生活中，围绕提升个体素质、激发家庭活力、联动学校力量、团结亲朋邻里、打通熟人社区、创新社会服务、弘扬文明风尚等方面，深度结合，积极构建全周期社会心理服务支持链，有效预防各类

心理心态问题。通过实现更优化的工作模式、更幸福的生活方式，满足人民日益增长的对美好生活的需要。

⊃ 社会心理服务融入社会治理，打造全过程"心治"链条

各地区在日常工作实践中逐渐看到了社会心理服务体系在社会治理中的独特价值，逐步探索、积极主动预防和解决个体、群体与社会层面的各类心理心态问题及其他社会问题的工作模式，并对务实的经验和做法进行提炼。一是依靠社会心理服务网络和心理测评普查做好源头预防，强化对各类社会风险隐患的源头发现，把各类社会不良心态和苗头隐患疏导在早、化解在小。二是关注不同群体的心理状态及其变化，包括弱势群体、特殊人群和不同职业群体等，做好风险防范、心理疏导、危机化解、服务保障，防止引发个人极端案（事）件。三是各地区建立健全经常性社会心理服务疏导和预警干预机制，关注生活失意、心态失衡、行为失常、性格偏执等群体及存在心理危机、过激行为的人群，预警预防控制易引发社会矛盾、社会治安、公共安全等的风险隐患。四是发挥心理学专业技术与方法优势，助力社会矛盾纠纷多元预防调处化解，从源头上低成本、高效率地化解矛盾纠纷，防控化解社会治安风险。通过主动预防和积极解决个体、群体与社会层面的各类心理和社会问题，让社会治理更有温度、更具温情，实现人性化、科学化社会治理。

⊃ 各类社会心理服务人才队伍培育发展

各地区探索建立多样化的社会心理服务人才培养培训机制，包括培养面向各行各业、各类人群的，积极主动提供普惠公共服务的社会心理服务工作者。为基层工作人员赋能，开展提高其解决实际问题能力的培训。加强医疗机构心理健康和精神卫生专业人才队伍建设，培育壮大各类社会心理服务人才队伍。

● 社会心理服务体系保障机制探索完善

各地党政部门建立完善政策措施，提供组织保障，将社会心理服务体系建设纳入政府各项工作中加以整体推进。建立跨部门、跨行业的长效协作机制，推动社会心理服务网络规范化、制度化建设。完善社会心理服务科普宣传教育、心理测评、人才培训、咨询服务、危机干预、保障和评估等内容体系，夯实社会心理服务体系建设基础工作。

● 各地开展各具特色、富有成效的社会心理服务体系建设

各地因地制宜、有的放矢地开展了卓有成效的社会心理服务体系建设。例如，安徽省宿州市坚持系统观念、源头治理，将社会心理服务体系建设与平安建设有机结合，并坚持做"心理"不说"心理"，把社会心理服务的方式方法融于人们生产生活各环节全过程，从"心"开始解纠纷，筑牢心理安全墙，织密平安防控网，画好平安"心治"圆，打造市域善治链。山东省青岛市城阳区在政法委员会和卫生健康局"双牵头"下，通过健全网格、搭建平台、创建标准，打造"心治"共同体。通过密织"心防"网格、健全"心解"体系、建设"心安"工程、开发"心智"系统、筑牢"心宣"阵地，打造"心防"示范城，培育"心服"新高地。北京市西城区立足首都核心区功能定位，突出区域特色形成了"一心三核N联动"的服务机制，即西城区心理健康防治中心对各街道社会心理服务站点提供培训、督导及技术指导，其他N个部门在区卫生健康委、区民政及区教委"三核"基础上实行服务联动。西城区委社工委区民政局创建了社会心理服务"1+15+N"模式，即1个区级社会心理服务指导中心、15个街道级社会心理服务中心和N个社区站点的工作枢纽，探索并初步形成了"陪伴式督导""分级分类服务""闭环评估""服务转介""站点工作联席制"等富有西城特色的制度化社会心理服务模式。除了国家级社会心理服务

体系建设试点地区，各省级试点地区及自行开展体系建设地区的探索实践也如火如荼。例如，滨州市委市政府高度重视社会心理服务体系建设。2021年，在全国首次提出"心源性"矛盾纠纷概念，引入心理手段解决矛盾纠纷。2022年，在78个市直单位全部设立心理健康科，实现了"有人员、有场所、有活动、有机制"；在县、乡两级综治中心规范设置心理咨询室102个，实现县、乡两级全覆盖；高标准打造全国首个集"医、食、眠、游、护、康、养、学、乐、健"为一体的"滨州心语"基地。2023年，出台全国首部社会心理服务地方性法规——《滨州市社会心理服务条例》，提出打造全国首个"心安城市"，树牢"平安是基、心安是魂"理念，推动高品质平安建设全面提档升级，为奋力谱写中国式现代化最美滨州篇章奠定坚实基础。秦皇岛市作为河北省省级试点，结合当地特色优势精心打造了以游促养、以养强心、以心带健、以健促安的"身心康养＋社会心理服务体系建设"融合发展模式，夯实"心防"基础，打造"心防"品牌，发挥"心防"作用。福建省宁德市古田县自行开展社会心理服务体系建设，创新提出了"1234工作模式"："1"即"一中心"，指县社会心理服务中心；"2"即"两站"，指心理援助站与心理健康辅导站；"3"即"三校"，分别是县社会心理服务人才学校、绿洲家长学校、干部舒心讲堂；"4"即"四品牌"，指该县着力打造的"湖的魅力、人的文章、侨的内涵、心的故事"四个特色社会心理服务工作品牌。关于更多的优秀典型案例内容，可以查阅《社会心理服务体系建设服务案例篇》。

第二节　全国社会心理服务体系建设存在的不足

经过三年试点，我国社会心理服务体系建设取得了长足进展，但是依然在思想认识、体制机制建构、人才培养等方面存在不足，需要在下一步工作中予以解决。

● 认识有待提高、观念有待转变

不少地区政府部门及从业者认识不足，没有意识到社会心理服务体系是全人群、全领域的系统性工作。不同程度地将社会心理服务体系狭义地理解为心理健康服务体系、心理（精神）健康工作、心理（精神）疾病防治、重性精神疾病的诊断与治疗，缺乏对社会心理服务体系在家庭生活、工作发展、社会治理、效能提升等方面所起作用的深刻认识，导致在工作中出现较大偏差。各地区"重治疗、轻预防"的观念依然突出，缺乏事前预防、事中干预、事后保障的全链条思维，缺乏积极主动的服务意识。

● 工作机制需畅通有效，各部门联动亟须强化

部分地区卫生健康委员会、政法委员会"双牵头"合作很好，但有的地区变成"单牵头"。一个部门牵头，就会在系统协调、联动其他部门方面出现"盲区"，也会缺乏多学科的专业支撑与知识支持，更难以实现全周期的社会心理服务体系建设链条。其他政府部门，如教育、民政、信访、妇联、残联、公安、司法等部门在各自职责范围内开展心理服务的程度参差不一，在切实承担部门责任方面主动性不足，而且部门之间在形成社会心理服务的合力上仍需加强，尚未形成彼此衔接、优劣互补的局面，难以实现全人群、各领域的全面覆盖。此外，心理健康问题的解决、心理服务功能的实现需要多部门协同发力共同推进，但是配套的联动工作机制没有建立，服务呈现"零散化、碎片化"局面。不少地区虽建立了联动工作机制，但因缺乏强有力的考核与评价机制，机制运行较为疲软，处于"虚置"状态。

○ 社会心理服务人才队伍服务能力与水平尚待提升

各地区培养社会心理服务工作者较为混乱、亟须规范。各类培养名称较为繁杂，如心理辅导师、心理健康员、心理急救员、心理咨询师等。培养的内容和效果在科学性、落地性方面不足，从而导致培养的人才在解决实际问题能力方面较为欠缺。

目前社会心理服务人才培养模式，还过多地聚焦在"心理健康"的层面，并未真正做到为广大一线的各类社会心理服务工作者与社会治理实践者赋能，缺乏有效提升基层社会治理能力与水平的培训，从而在解决特定领域心理需求方面效果较差，如社区矛盾调解、危机干预、治安风险防控及消防员、老年人、妇女儿童等。

○ 社会心理服务体系建设规范化、法治化尚需加强

各地领导干部面对百姓强烈的社会心理服务需求，受限于学科背景不足、认识不足、制度性约束不足等，对体系建设存在"贯彻落实力度不足"的现状，也导致不少地区开展社会心理服务体系建设受领导干部是否重视的影响。

各地对务实有用的经验做法没有进行提炼，更未形成规范性文件，从而导致好的经验做法停留在"感官"，没有转化为"实效"，缺乏制度化保障。

各地区社会心理服务体系建设不平衡现象较为突出，在行业职责、工作规范、考核监管等文件方面制度化不够，在科普宣传、心理测评、教育培训、咨询服务、危机干预与管理、服务与评估等方面保障性不足，在社会心理服务的具体流程、伦理规范、边界上规范性不足。

第三章

社会心理服务体系建设的主要内容

3

唯有"心安"，方能国泰民安。准确把握社会心理服务体系的主要内容及基本要点是推进体系建设的基础，对于落实党中央战略部署至关重要。本章围绕社会心理服务体系建设，详细阐述了多位一体实现覆盖全社会各领域的运行体系，归纳了推进的思路和框架，概括了核心逻辑与内在要求，系统阐述了以实现社会心理服务全覆盖、促进社会整合为目标，健全全方位、全周期、多元化的社会心理服务体系建设的主要内容。

为帮助读者更好地理解社会心理服务体系建设的主要内容，我们从体系建设的两大主体（服务工作者和服务对象）切入，分别构建了"金字塔模型"（如图3-1所示）和"同心圆模型"（如图3-3所示，见第八节）。其中，"金字塔模型"描述的是社会心理服务工作者应当如何建设社会心理服务体系，共分为七个部分，分别为一个中心、两个定位（结合）、三个分类（兼顾）、四大系统、五大要素、六大内容体系和七大人才培养模块。"同心圆模型"则回答了如何以社会心理服务对象为中心由内逐层向外建立社会支持系统，展示了全流程、全链条、全方位的全周期社会心理服务和八层社会支持体系，即"自我支持－家庭支持－亲朋邻里与同学同事支持－社区（村）与组织（单位）支持－专业机构与行业组织支持－政府与法治支持－社会与文化支持－生态环境支持"。金字塔模型与同心圆模型从社会心理服务工作者和服务对象的角度共同阐述了社会心理服务体系建设的主要内容组成。

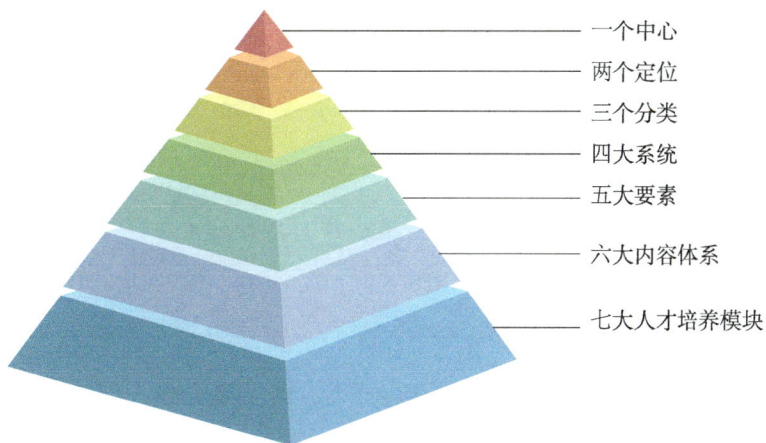

图 3-1 金字塔模型

一个中心

两个定位

三个分类

四大系统

五大要素

六大内容体系

七大人才培养模块

第一节　一个中心

◯ 以人民为中心，提供全方位社会支持

社会心理服务体系本质上是由政府主导推进，具有主动性、广覆盖、多层次等特点的全方位社会支持系统。社会心理服务体系不仅支持个体心理健康发展，也重视健康的群体心理与社会心态建设，同时联动多方资源解决实际问题，不断提升民众获得感、幸福感和安全感。

主动提供社会支持

向人民群众主动提供社会支持主要包括两方面。其一是积极主动挖掘社会需求，即通过健全畅通有序的诉求表达渠道，及时全面地把握个体心理问题、群体心理动向、社会总体心态的最新情况，及时梳理、反馈社情民意和民众需求，通过提供答疑释惑、提供心理服务及联动其他部门协调解决等方式，预防解决个体、群体和社会层面的各类心理心态问题，提升心理素质，促进心理和谐，培育良好的社会心态。其二是主动发现心理危机线索，即通过建立社会心理服务电子档案，依靠完善的社会心理服务网络与心理测评，加强心理问题排查和心理危机预警，跟进矛盾突出、生活失意、心态失衡、行为失常等人群的心理状况，配套事前、事中、事后全流程的干预化解机制，有针对性地加强帮扶求助、心理疏导、法律援助，便于个体主动预防、早期干预、治病于未然，防范化解个人极端风险，也可对群体的高危风险进行分析研判、危机化解，实现社会减压，促进社会安定和谐。

覆盖全人群的心理服务网络

对人民群众按照其心理服务需求进行分类，建立覆盖全人群的社会支持网络，为不同群体有针对性地开展不同层次、不同程度的社会心理服务。对一般大众广泛

开展心理健康科普宣传教育，增强心理健康意识，培育积极心理品质，使其了解并掌握自我心理调适方法和常见心理行为问题的识别方法；为失独家庭、留守儿童、残疾人等易处于心理亚健康状态的特殊人群及其家属提供心理辅导、压力疏解、家庭关系调适等服务，加强公益性服务、社会关爱与人文关怀；有针对性地做好矛盾突出、生活失意、心态失衡、行为失常人群及其他特殊人群、性格偏执人员的心理疏导和干预，加强配套的帮扶救助和法律援助；对于达到精神疾病诊断要求的人群，积极协调卫生医疗机构及时转介治疗。对重性精神障碍患者，则配合专业治疗多渠道开展心理支持和疏导、社会融入等服务。

多层次、多元化的社会支持

为人民群众提供多层次、多元化的社会支持。首先，个体层次的支持是基础，通过解决个体心理问题与精神疾病，实现个体身心全面健康发展，提高身心健康素质。其次，群体层次的支持是中枢，推动形成家庭、学校、单位等各组织尽"心"责的良好局面，根据不同群体的情况有针对性地疏导群体负面情绪、化解群体矛盾冲突，打造群际和谐氛围。最后，社会层次的支持是关键，积极主动干预、引导负面心态，营造风清气正社会氛围与"人人为我、我为人人"的社会风尚，培育自尊自信、理性平和、积极向上、亲善友爱的社会心态。

⊃ 以人民为中心，全心全意为人民服务

全心全意为人民服务是社会心理服务体系建设的核心要义。《中共中央关于制定国民经济和社会发展第十四个五年规划和二〇三五年远景目标的建议》指出，要坚持以人民为中心。坚持人民主体地位，坚持共同富裕方向，始终做到发展为了人民、发展依靠人民、发展成果由人民共享，维护人民根本利益，激发全体人民积极性、主动性、创造性，促进社会公平，增进民生福祉，不断实现人民对美好生活的向往。

全心全意为人民服务关键在于抓落实，要努力解决人民群众反映强烈的突出问题，满足人民日益增长的美好生活需要。社会心理服务体系建设本质上也可以理解为党和国家走进新时代、迈向新征程中落实践行全心全意为人民服务这一初心使命的一次伟大尝试。社会心理服务体系通过科学、系统的全方位社会支持，及时了解民众所盼、所急、所忧，联动多部门为民众及时提供看得见、摸得着的多元化社会支持，改变了传统的大众被动、单一寻求心理健康服务机构、专业卫生医疗机构帮助的模式，切实实现了主动、系统化的社会心理服务。同时，社会心理服务体系还强调用心服务、助人自助，有个体、群体、组织的地方都需要社会心理服务，通过拉近人与人的距离，提供人与人的关爱，增加人与人的支持，形成"我为人人、人人为我"的良好人际关系，降低沟通成本，提升工作效率，实现生活幸福。可以说，社会心理服务体系不仅是新时代践行全心全意为人民服务宗旨、坚持以人民为中心的发展原则的重要路径，也是推进精神文明建设、构建和谐社会的有效举措。

第二节　两个定位（结合）

○ 与中国具体实际及中华优秀传统文化相结合

与中国具体实际相结合

我们要立足全面建设社会主义现代化国家的实际，深入研究回答实践中遇到的新问题、改革发展中存在的深层次问题、人民群众急难愁盼的问题、国际变局中的重大问题、党的建设面临的突出问题，不断提出真正解决问题的新理念、新思路、新办法。[1]社会心理服务体系建设同中国具体实际相结合，才能正确回答和解决在本土化实践发展中遇到的系列问题，做出符合中国实际和时代要求的正确回答，形成符合客观规律的科学认识，总结与时俱进的理论成果，更好指导中国实践，推进社会心理服务体系建设科学化、时代化、本土化，切实满足人民日益增长的美好生活需要。

要推动社会心理服务体系建设的理论创新与中国具体实际相结合。心理学作为与人关系最为密切的学科之一，其专业技术和方法应在维护民众心理健康的基础上，进一步发挥其在调整不合理认知、促进行动改变、改善人际关系、提高工作效率及提升主观幸福等方面的赋能价值，柔化社会治理方式、增强社会治理效能，提高各行业各领域解决实际问题和服务人民群众的能力，切实提高服务对象的满意度和幸福感。因此，心理学在社会心理服务融入百姓生产生活和基层社会治理实践中，拥有极为广阔的应用前景、发展空间及其他学科难以替代的独特价值。建设社会心理服务体系的过程不仅需要主动融合并灵活运用心理学的相关技术和方法，还应结合社会工作利他助人的工作理念和主动服务的模式，在社会治理底线思维和系统思维的指导下引导多部门、全人群积极广泛参与。

要推动社会心理服务体系建设的实践发展与中国具体实际相结合。我们要深刻领会党中央创新提出社会心理服务体系建设的站位之高远、立意之深邃，深化思想认识并切实加以运用，坚持法治化引领、社会化参与、智能化支撑、专业化发展，提升社会心理服务体系建设的整体性、协同性和高效性。我们要充分考虑中国人民心理需求的特点，持续融合本土国情文化，激活发挥社会心理服务体系建设的强大生命力，为人民群众的心理健康搭建全方位、全周期、多元化的社会支持系统，将社会心理服务嵌入应用于百姓生产生活实践及社会治理各方面，不断提升民众的获得感、幸福感、安全感，形成良好的社会心态，为全面建设社会主义现代化国家创造良好的社会氛围。我们要通过落地见效、用心服务、助人自助、系统适度，给予人与人的支持，拉近人与人的距离，传递人与人的关爱，增强人与人的联结。我们要努力让社会心理服务成为新时代中国人追求美好、拥抱幸福的一种生活方式，充盈人民内在精神世界，促进人与社会和谐共生，推动构建人类命运共同体，创造人类文明新形态。

与中华优秀传统文化相结合

心理健康思想内发、生长于中国传统文化，在绵延几千年的历史中从未间断，这些"心"思想潜移默化地影响着当代中国人的思维方式和言行举止。社会心理服务体系建设可从中华民族神话传说、哲学思想、文学经典、历史典故中充分挖掘、提炼、汲取营养并与之有机融合，同中华优秀传统文化精华贯通，同人民群众日用而不觉的共同价值观念融汇，契合中国人的精神追求和文化底蕴，使体系更具中国特色、历史底蕴与文化活力。

1. 以儒释道与"和"文化为基础滋养理论体系

儒释道观点虽各具特色，但其关于人与自然和社会的思想可统归为一个"和"字，即人与自然的和谐、人与社会的和谐、人与自身的和谐及人与终极价值的统一[2]。儒家尚"仁"，其字意在于人如何修身养性，培育和谐的人际关系，形成安定的社会秩序。"穷则独善其身，达则兼济天下"便表述了"仁"的深意。有些佛教思想有助于修正错误的思想观念和生活态度，调整负性的认知与行为模式，有效应对和化解指责、抱怨、嫉妒、嗔恨等负面心理与消极情绪，并激发和培养接纳、敬畏、感恩、慈悲等正向心态与优良品质。[3]以老子和庄子为代表的道家主张人要亲近自然万物，效法自然本身之和谐，接纳他者，包容众人，调和内心的诸多冲突，才能保有素朴、恬愉、淡泊的心态。以"和"作为理想准则的儒释道文化与社会心理服务体系建设所推崇的思想理念在本质上是趋同的。

2. 从推崇健康养生的中医药文化中汲取营养

中医药文化在长期发展过程中形成了一整套关于人与自然、人与社会、人与人、人与自我之间关系的系统理论，并在其理论构成、病因发生、疾病转归、行针按摩及保健防病、健康长寿等方面都非常重视心理因素的影响。被历代医家奉作经典的《黄帝内经》提出"形神合一"的理论，认为人的心理现象不仅依赖外界事物的刺激作用，而且要以脏腑气血等生理机能为基础。[4]明代医药学家李时珍"脑为元神之府"的论断，以及清朝学者王清任《医林改错》等著作皆有提及心理相关的内容。近些年国家大力支持中医心理学建设，如"鼓励中医医疗机构开设中医心理等科室，支持中医医师在医疗机构提供中医心理健康诊疗、咨询和干预等服务"，在实践中也形成了失眠、焦虑、抑郁、强迫等心理问题及头痛、耳鸣等身心疾病的行之有效的中医心理治疗方案。总结来说，中医药文化中健康养生的内容对维护个体心理健康、促进心理和谐、提升心理素质大有裨益，可为社会心理服务体系建设理论与实践提供宝贵经验和参考指导。

3. 从"德治""礼治"等思想中汲取治理智慧

《尚书》的《虞书·尧典》篇记载："克明俊德，以亲九族。九族既睦，平章百姓。百姓昭明，协和万邦。黎民于变时雍。"可见早在尧舜禹时期我国就实行"德治""礼治"。春秋时期，社会心态培育被纳入社会管理思想中，孔子主张"为国以礼"，提出并建立了以"仁"为核心的礼治。《论语·为政》的"导之以德，齐之以礼"基本可以看作古代"德治""礼治"的思想核心。孔子认为，"礼"作为社会管理手段可分为习俗层面的礼、道德层面的礼和政治层面的礼。习俗层面的礼和道德层面的礼作为一种行为规则和价值判断通过社会交往、日常生活的形式体现出来。在社会管理层面，荀子将"礼"提高到治国安邦的社会政治领域，将其视为治国方略之一，与前两者相辅而成为一种柔性社会治理并影响深远，在维持中国社会秩序的过程中发挥重要作用。唐太宗认为，"为国之道，必须抚之以仁义，示之以威信，因人之心，去其苛刻，不作异端，自然安静"；朱熹认为，"为政以德，不是欲以德去为政，亦不是诀然全无所作为，但德修于己而人自感化"，两者皆是"德治"和"礼治"观念的传承。社会心理服务体系建设在融入社会治理过程中汲取"德治"

和"礼治"等理念可使其更符合中国文化传统与制度特色，更有章法也更具效力。

4. 从文学思想和历史典故中传承维护心理健康的朴素知识

一是与心理有关的认识可以丰富体系内涵建设。朱熹"形生神发""随感而应"的生理心理观与立志 – 力行 – 自省的道德修养途径[5]，王阳明心学中的三大理论——"心即理""知行合一""致良知"，王夫之"聪必历于声而始辨，明必择于色而始晰，心出思而得之，不思则不得也"等心物（知行）之辩——反对"生而知之"的先验论思想，以及见于文学作品中脍炙人口的名句，如范仲淹的"不以物喜，不以己悲"、苏轼的"人有悲欢离合，月有阴晴圆缺，此事古难全"、王安石的"尽吾志也而不能至者，可以无悔矣，其孰能讥之乎"等，皆包含着珍贵的心理调节思想。

二是中华民族传统美德的典故可用于进行心理疏导。历史上宰相张英千里家书让家人退让三尺遂成"六尺巷"的佳话可用于社区矛盾调解中的教育感化；"远亲不如近邻"的典故可用于社会心理服务工作者调节邻里关系，增强社区非正式社会支持；"孔融让梨"的故事可用于构建家庭和谐氛围，促进儿童和青少年健全人格与品质的培育。民间传承的历史文化知识有助于丰富社会心理服务的方式方法，使之更接地气、更具中国特色。

○ 问题导向和系统观念相结合

要坚持问题导向和系统观念，着力破除制约加快构建新发展格局的主要矛盾和问题，全面深化改革，推进实践创新、制度创新，不断扬优势、补短板、强弱项。问题导向和系统观念是具有基础性的思想与工作方法，是推进社会心理服务体系建设必须坚持的有力思想武器。

整体推进

建设社会心理服务体系要坚持各领域一盘棋，从系统观念出发加以谋划和解决，加强部门联动、协调组织机构。多措并举、同时发力，统筹推动各个领域的社会心理服务体系建设工作。要做好个体心理服务和整个社会心理服务的兼顾，也就是处理好树木和森林、鱼儿和鱼塘的关系。体系建设决不能以个体的、被动的、疾病的、单一化的模式去做，一定要系统性地主动配合政府和各级组织去完成，这是社会心理服务体系建设的重点所在、特色所在。

嵌入融合

事先通过调查研究摸清情况，以积极主动预防和解决个体、群体与社会层面的各类问题为导向，融合运用多学科知识方法因地制宜、有的放矢，有针对性地将社会心理服务精准嵌入各个系统、行业内的人员及工作对象中，找准业务工作症结点，提出有针对性、可操作的服务方案，提高运用社会心理服务解决领域实际难题的能力，注重对体系建设中问题的反馈、经验的总结、效果的归纳，切实发挥作用、转化落实、互动增益。

全面覆盖

树立大社会观、大治理观，有群体、组织的地方都要有社会心理服务。在基层社区（村部）、教育系统、机关企事业单位和医疗机构等地点积极建立健全社会心理服务网络；对心理亚健康、存在心理问题或精神疾病、重性精神疾病群体配套不同的服务措施；针对职业人群、社会弱势群体、特殊群体、心理危机人群等制定个性化服务方案；健全社会心理服务链，充分利用心理健康服务体系解决个人心理问题，针对群体心理及时协同学校、单位、社区等进行干预和引导，协同相关部门解决社会问题。

第三节 三个分类（兼顾）

社会心理服务体系建设始终强调以人民为中心，在不同的发展时期、不同的地域和不同的领域，应根据实际情况采取有针对性的社会心理服务供给方式，体现具备现实性、地域性和个别性等特点。在这个过程中就要进行合理、科学兼顾，只有这样才能真正实现更加平衡均匀、有效普惠的全覆盖社会心理服务。

⊃ 事前、事中、事后兼顾

要坚持事前预防、事中干预、事后跟进关注与持续援助，一方面有效实现对心理健康问题的早识别、早发现、早预防，以及出现问题后的及时干预与治疗，保障康复恢复的效果。另一方面可推进社会心理服务融入从源头到末梢的全周期社会治理，把可能带来重大社会风险的隐患发现和处置于萌芽状态。

事前关口前移，加强基础性预防

坚持源头预防。牢固树立关口前移这一根本理念，把着眼点放到前置防线、前瞻治理、前端控制、前期处置上来[6]，通过政府主导、社会参与，做到以下几点。

1. **科普早预防。**依托社会心理服务网络，通过"线上＋线下"服务模式，全面开展心理健康科普工作。在各级社会心理服务中心通过政府购买服务等方式为社区配备专兼职社会心理服务工作者，经常性地开展心理科普讲座和团体活动，实现专业服务全覆盖。

2. **评估早发现。**医疗机构主动为儿童、孕产妇、老年人、学生等群体进行心理健康状况测评筛查工作，将评估存在异常的人员根据实际情况分别链接心理咨询或干预治疗等专业心理服务。

3. **充分发挥在社会治理中源头预防的作用。**依靠完善的社会心理服务网络，加强心理问题排查和心理危机预警，强化风险评估，跟进关注矛盾突出、生活失意、心态失衡、行为失常人群及性格偏执人员的心理状况，及时发现和掌握有心理问题的高危人群及突发事件的苗头，提高预防预测预警各类社会风险、社会矛盾的能力，防范化解个人极端风险。此外，在重大政策执行前进行心理风险评估，根据结果调整政策或进行事前预防。

4. **建立社会心态分析、评估与预警**，发现"反常""偏差""失序"的社会风气和公众心态。要从心理状态到行为方式对来自不同领域、不同阶层的社会大众进行全方位评估。建立完善社会心态调查和心理数据收集系统，观察、收集有关数据和网络舆情，对反馈的心理数据进行综合研判和风险预警。展开社会热点、社情民意的专题调研和分析研判并形成长效调查机制。

事中提供心理干预，完善社会支持

事中要加强对个体心理、群体心理和社会心态的积极引导与干预。

1. **咨询早指导**。健全社区、单位、学校、专业机构四位一体的社会心理服务网络，完善各地心理咨询服务机构组织及中小学校心理辅导室等，按需开展心理服务工作，并通过心理疏导、团体辅导及形式多样的社会心理服务项目，实现个体、群体和社会减压。

2. **干预早跟进**。卫生健康部门推出免费心理援助热线，健全心理危机干预机制，成立心理援助办公室、专家组、医疗组和热线组。针对个体心理问题要及时联动心理健康服务机构、专业卫生医疗机构开展心理援助，根据危险程度有针对性地分级分类构建心理热线服务、心理评估等衔接递进、密切合作的心理疏导和干预机制及定期监测复查机制。

3. **治疗早开展**。依托综合医院心理门诊或精神科、精神专科医院，提供心理咨询、心理治疗和药物治疗等服务，并建立与基层医疗机构心理咨询门诊双向转诊机制。

4. 关于群体心理与社会心态。 要把握问题个体所在群体的心理动向，防止产生弥漫性的消极心理暗示与社会心态影响，提高对相关其他群体的关注，一旦发现扩散性影响风险（如危机传染）要及时启动心理干预机制。即对业已出现的不良社会心态进行有效帮扶和抑制，处置的第一大原则就是"防止扩散"，防止不良心态再通过亚文化群或大众传媒等渠道蔓延。

5. 在重大突发事件发生时。 立即组织开展个体危机干预和群体危机管理，提供心理援助服务，及时处理急性应激反应，预防和减少极端行为发生。加强社会心理心态追踪研究，特别是在重大政策颁布实施前后及突发事件、安全事故、危险状态和不良舆论出现的前后，做好及时介入和抚慰工作，防止出现严重的大众心理应激和创伤。

事后建立定期跟进的长效支持机制

1. 对于心理问题背后反映的与群众切身利益有关的社会问题，各地党委、政府要急民众所急、解民众所难、应民众所需，为群体提供实际的社会支持。注重及时协同家庭、学校、社区等组织进行干预和引导，在多方面同时投入，延伸生活帮扶、矛盾化解、法律援助的服务机制。

2. 在事件善后和恢复重建过程中，要建立心理援助工作的长效机制。通过制度化、规范化的政府文件的指导与约束，定期跟进、掌握问题解决进度，确保措施落实到位。积极引导民众中弥漫的负面心理，及时修复事件造成的心理创伤，及时追踪社会问题的解决进度。尤其要关注重大突发事件后心理创伤群体的干预与疏导，对高危人群持续开展心理援助服务。

3. 对从心理问题中恢复的群众要激发其内在潜能，以增强面对灾难和挫折的能力，培养积极、乐观、向上的心理素质，帮助其认识生命的意义和价值，促进个体顺利完成心理重建。[7]依托社会组织、康复机构等，与基层医疗机构共同开展康复随访工作，检查其心理状况，并进行人际关系方面的指导与训练，帮助其回归正常工作生活。

⊃ 微观、中观、宏观兼顾

微观环境建设是指基于个体层面，针对个体心理健康与自我调适、个人成长和发展提出的心理对策，微观环境是关键着手点。个体自我调适资源的匮乏和社会交往环境的缺失，易加重服务对象的无力、无助和无望感，社会心理服务的工作就是帮助他们建立自我调节的意志和主动性，补充断裂的心理调适资源。在这个环节中，要为个体提供可靠易得、稳定安全的心理解压和调适空间，提供协调关系问题、积极社区融入等服务，帮助人们建立自我调适的安全阀。同时，为服务对象提供并讲授链接、获取和使用社会资源的渠道、方式和技巧，增强其自助自主获得社会服务的能力，并根据不同的心理需求提供个性化的心理服务，帮助服务对象实现个人成长和长远发展。

中观运行环境是指基于社会层面，围绕社会关系在特定职业环境、家庭环境、校园环境、社交环境、成长阶段或特定地理区域等社会环境中提出服务对策，这种社会关系一般基于血缘、业缘和地缘。中观运行环境主要包括三点。**第一，完善各组织、单位的社会心理服务体系建设**。首先，发展组织和单位内部的心理援助志愿服务、心理健康教育科普，强化与心理健康机构、社会工作机构及精神卫生专业机构的协同配合；其次，对职业人群、社会弱势群体、心理危机人群等进行分类归属，围绕不同人群匹配相适应的社会心理服务工作，有针对性地进行心理干预和帮扶；最后，与"五社联动"机制协同融合，打造辐射公民社交场所、活动区域、工作单位、居住社区和家庭的心理帮扶与危机干预模式，完善"个体—家庭—社区—

单位—社会"的社会心理服务链。**第二，加强基层社会心理服务平台建设。**村（居）民委员会及基层政法、民政和卫生健康等部门及时反馈心理评估中的社情民意，积极疏解民众的负面心理。加强心理问题筛查和心理危机预警，对高危人群、社会矛盾群体定期进行心理排查，根据疾患程度有针对性地分级、分类开展心理服务，逐步健全矛盾纠纷化解、心理疏导和法律援助等服务机制。**第三，充分发挥综治信息系统的平台优势。**要充分发挥综治信息系统的平台优势，接入不同领域的相关数据，通过对社会心理数据进行分析研判、危机预警、风险评估、深度预测，加强社会风险管理能力。鼓励开发热线、网络、App、公众号等社会心理服务教育、援助、沟通平台。

宏观运行环境是指基于国家层面，在文化背景、知识结构、社情民俗等宏观的社会环境提出心理对策，在国家层面继续释放社会心理服务体系的政策红利。近年来，国家逐步加大了对社会心理服务体系的工作部署和建设力度，并将其逐步提升至国家战略的高度，这在一定程度上决定了其影响力和施行力。应该说，无论是国家在政策层面上的重视程度，还是社会心理服务试点工作的策略和方案的完善程度，都已充分引起有关各方的重视，这促使社会信念强化，社会整体认同度提升，为社会心理服务体系建设提供理论支持和实践引导。

⊃ 全体人群、心理亚健康人群、特殊重点人群兼顾

随着社会文化的发展变迁，不同群体的社会应对和适应能力不尽相同，抗压水平、调适条件和心理需求也有所差别。因此，面向不同群体要有针对性地开展不同类型、不同层次、不同程度的社会心理服务。

面向全体人群

面向全体人群指为一般大众提供公益性心理健康服务。针对在成长发展、婚恋

家庭、职场人际关系等方面存在需求的人群,广泛开展心理健康科普宣传教育,提供有益支持、科学合理引导,提升人们心理健康意识、培育积极心理品质。引导大众掌握情绪管理、压力管理等自我心理调适方法及抑郁、焦虑等常见心理行为问题的识别方法,增强自我调节能力、培育求助意识。充分考虑当下社会对"心理问题"存在病耻感,重视开展线上心理服务工作,为大众提供专业化、规范化、便捷化的心理援助平台。

围绕部分人群

围绕部分人群主要是指针对易处于心理亚健康状态的人群及其家属提供心理辅导、压力疏解等服务,帮助其舒缓压力、疏导情绪、调适状态,加强公益性服务、社会关爱与人文关怀。建立和完善心理健康教育、心理热线服务、心理评估、心理咨询、心理治疗、精神科治疗等衔接递进、密切合作的心理危机干预和心理援助服务模式。对具有严重心理问题和达到精神疾病诊断标准的群体及时进行心理干预,协调组织医疗机构进行心理治疗和药物治疗。各级各类医疗机构和专业心理健康服务机构要主动发现心理问题人员和精神疾病患者,为其提供规范的心理咨询、心理治疗和精神疾病诊疗服务,减轻其心理痛苦,促进其全面康复。

针对特殊人群和重点人群

基层医疗卫生机构要对常见心理问题和精神障碍进行早期识别、心理监测和转诊服务。对于精神障碍群体,要建立精神卫生综合管理制度,开展多渠道登记报告、危险性评估、服药指导和跟踪管理等服务。在应对重大自然灾害、治安突发事件时,组织开展心理危机干预活动,预防和减少不良应激反应和极端行为的发生。各地综治、公安、司法行政、民政、卫生计生等部门要高度关注流浪乞讨人员、服刑人员、刑满释放人员、强制隔离戒毒人员、社区矫正人员、社会吸毒人员、易肇事肇祸严重精神障碍患者等特殊人群的心理健康,有针对性地及时做好心理疏导和干预,加强配套的帮扶救助、法律援助和社会融入等服务。

⊃ 心理学、社会工作、社会治理等理论方法兼顾

社会心理服务体系从微观个体、中观群体到宏观社会全覆盖，是一项涉及多部门、多领域、多学科的系统民生工程。其中，心理学与社会工作的理论和方法是开展社会心理服务的方法论基础，但要助力国家治理体系和治理能力现代化，仅依靠上述学科理论是不够的。从长远看，社会心理服务体系建设需要整合包括心理学、社会学、教育学、医学、法学、管理学、政治学、社会治理学等多学科的科学理论和研究成果。

心理学

社会心理服务体系是在心理健康服务体系基础上建立的社会支持系统，旨在促进个人和社会整体健康水平、和谐程度与主观幸福感的提升。推进社会心理服务体系的建设离不开心理学学科的强势助力，政府要真正做到从"心"出发，从"心"而治，必须结合与体系建设相关的心理学理论和方法，实现社会心理服务体系兼具科学性、专业性和实践性的可持续发展。

我们梳理了一些与社会心理服务体系建设较相关的心理学专业理论观点和研究方法[8]，希望可以为社会心理服务体系建设实践提供些许思路和启发。

心理学的基本理论观点

心理学是关注个体心理过程发生发展规律的一门科学。心理学的研究领域主要分为"基础"和"应用"两大分支：基础心理学致力于探索心理学基本原理和心理现象的一般规律，包括感知觉与注意、认知神经、心理生理基础、学习、思维、记忆、语言等内容；应用心理学则研究如何将心理学原理和技术方法运用于实际，包括临床与健康、发展与教育、组织与管理等方面。

1. 理解身心健康的两个观点

随着对疾病与健康的认识逐渐深入和经验的不断积累，人们对身心健康的认知发生了深刻变化。其中第一个重要观点是"生物－心理－社会医学模式"，从生物遗传深入到心理和社会维度多层次看待疾病的发生变化和身心健康发展。政府部门应积极宣传社会心理服务体系所倡导的"身心同健康""每个人都是自己心理健康第一责任人"的理念，在关注个体身体健康的同时重视其心理健康，主动发现并满足人民群众的心理需求，提供专业的心理健康服务。

理解身心健康的第二个重要观点是系统观，即"个体－家庭－社会模型"。系统观认为人所处的系统是一个大的有机整体，因此应当从人与家庭、社会关系、自然环境的连接中了解身心健康及病理过程。社会心理服务体系本质上是建立以人民为中心的全方位、多层次、多元化社会支持系统，更应从系统整体的视角出发进行建设。一方面，将微观个体置于家庭、群体和社会系统中理解其多元的社会心理需求，搭建个体－家庭－社会的支持结构，健全家庭－社会－政府"三位一体"帮扶体系，提供个体、群体和社会多层次的支持。另一方面，站在国家治理体系和治理能力现代化的宏观战略高度理解和践行社会心理服务体系，通过政府部门、社会组织和专家协同合作，汇聚社会整体系统中的多方力量与资源，打造个体－群际－社会全方位的心理关怀模式，促进个体－群体－社会的整体健康发展。

2. 心理问题的分类、诊断和治疗理论

通常把心理问题的等级分为四个等级，即健康状态、一般心理问题、精神障碍和重性精神障碍；社会心理服务人员应对个体情感、认知、意志等多方面开展评估，对评估可能存在精神障碍的人员，推荐去医院进行诊断和治疗。

社会心理服务体系的基础性工作是为民众提供高质量、广覆盖的心理健康服务，这就要根据不同群体心理问题等级和心理健康需求提供更专业适宜且有针对性的社会心理服务。此外，社会心理服务体系的基础建设必须要不断壮大心理健康服务的

专业人才队伍，打造基层多元化心理服务平台，完善党政企事业单位、学校教育系统和基层社区（农村）各级各类心理健康服务网络。

3. 心理危机干预理论

危机是指当事人在遇到某一重大事件或生活境遇时，感到自己完全无法应对的认知和体验，并且这种感受会导致其严重的情感、行为和认知功能障碍。心理危机干预是指充分调动危机个体自身潜能，帮助其重新建立或恢复正常的心理状态，对处于危机中的个体给予有效的帮助和心理支持。危机干预一般有五个层次，即个体、家庭、群体、社会和国家。具体干预过程包括八个步骤，即保证安全、确定问题、评估危机、提供支持、给予希望、制订计划、获得承诺、转介随访。

鉴于突发灾难性事件（如地震、洪水、大规模流行性传染病等）对民众心理社会功能可能造成的损伤，建立健全危机预警与干预机制是社会心理服务体系建设必不可少的重要组成部分。在党政领导、部门协作、社会动员的工作机制下，各级政府部门干部应学习了解民众经历危机事件的心理变化过程和不同需求特点，遵循危机心理救援干预原则，持续提供物资和政策支持，组建危机干预专业队伍，开展多种形式的社会心理服务，系统性地应对灾难性危机事件给民众生产生活带来的不利影响。

4. 健康行为程式模型

健康行为程式模型（Health Action Process Approach, HAPA）认为健康行为的改变受到内部和外部一系列心理因素的影响，个体需要经历不同的阶段才能改变自己的行为。该模型提示社会心理服务体系建设需要注意打好"心理预防针"，把工作做在前面，防患于未然。具体而言，一方面要开展常态化的心理测评和科普宣传教育，便于个体采取主动预防和自助措施，争取对严重精神障碍、高危风险人群做到早发现、早干预、早治疗，引导其向健康行为的有效转化；另一方面主动了解并努力满足民众合理的社会心理需求，及时发现并协调解决各类社会矛盾纠纷，化解个体和群体危机，打造文明和谐的宏观社会环境，提高个体、群体和全社会的心理健康水平。

5.绩效评估与反馈

绩效评估是指评定者运用一定的方法和程序，对绩效信息进行观察、收集、组织、贮存、提取、整合、评价的过程。评估后要对评价信息做出反馈，反馈有两个目标：一是回顾之前的主要工作职责的完成情况，二是规划前景，改善工作表现。

为保障社会心理服务体系建设质量与效果就必须建立规则完善、覆盖全面和信效度兼备的绩效评估和反馈体系。综合心理学理论和研究方法，建立科学的社会心理服务绩效评价系统，测量和收集民众心理健康与社会心态数据，定期追踪分析其变化走向以评估体系建设情况，并以此为参考及时调整下一步的体系建设工作。

心理学的主要研究方法

定性研究指运用文献分析、观察、访谈等方法获得相关资料，并以非量化的形式对其进行分析、获得结论的方法。而定量研究则是需要借助大量数据，研究者会设计相应研究方案对所收集的数据进行对比和分析并做出合理的解释。

结合社会心理服务体系建设的应用实践，以下将简要介绍调查法、观察法和测验法。

1.调查法

调查法是指通过各种途径，了解研究对象的心理状态的方法，它简单易行，可在短时间内收集大量的资料，常用的有访谈法和问卷法。

访谈法是指研究人员通过与受访人交谈，来了解受访人的心理活动，问卷法则由被调查者自己填写问卷。访谈法比问卷法在人力和时间上的花费更多，调查的范围更窄，但可以更加深入地了解民众的心理诉求和需要，针对性强。

在社会心理服务体系建设过程中，可针对不同建设工作的目标需要选择不同的调查方法。设计结构化、半结构化或非结构化的访谈提纲和问卷，对参与体系建设的不同群体（人民群众、党政干部、专家学者、传播媒体等）进行访谈或问卷调查，收集与体系建设相关的重要信息、意见和建议，切实了解体系建设的相关情况，评估反馈社会心理服务体系建设的效果。

2. 观察法

观察法是指直接、系统地在一定条件下对个体的外部行为进行观察，从而分析其内部心理状态的方法。在构建社会心理服务体系的过程中，可以运用观察法进行社会调查，从不同的方面、不同的角度、不同的层次来观察体系建设，从而收集丰富多样的素材资料。

3. 测验法

测验法是指运用标准化的测验问卷来测量研究对象某种心理品质的方法。心理测验对发现心理过程的一般特性、它们的相互依存性和在不同情况下的变异性都有相当的科学价值。测验法是社会心理服务体系开展心理健康普测、心理状况追踪，精神疾病诊断，客观评估个体、群体和社会心理心态变化及体系建设质量的重要方法。

在社会心理服务体系建设实践过程中，可根据实际需要和现实情况灵活选择或巧妙组合不同的心理学研究方法。此外，应特别重视支持心理学专家学者推进符合中国国情、适用于社会心理服务体系建设的本土化研究，编制修订并不断优化信效度良好的本土化访谈、问卷和量表等评估工具。

社会工作

在社会心理服务体系建设的初级阶段，亟须特别关注社会工作学科理论。社会工作是以实际工作为显著特征，以应用专业知识、技能和方法解决社会问题为宗旨，以帮助他人为目的的一项专业技能。社会学以社会行为和人类群体为研究对象，从宏观层面解释了个体行为是社会环境影响下的结果。当前社会出现的个体心理问题、负面群体情绪和社会心态与所处社会环境密切相关，借助社会学理论有助于洞察和揭示心理问题背后的社会动因。社会工作往往与社会学共同发挥作用，社会学侧重于发现和解释社会问题，社会工作则侧重于具体解决社会问题。党和政府近年来关于社会心理服务体系建设的相关文件强调，要发挥专业社会工作者的作用。社会工作者可从社会文化和社会环境层面介入个体、群体、社会心理心态问题的预防和解决，实现覆盖范围更为全面的社会心理服务。因此，社会心理服务体系建设离不开社会工作、社会学理论的支撑，政府要充分发挥其理论优势，将其融入社会心理服务体系建设实践中。

我们整理了社会工作、社会学理论中与社会心理服务体系建设联系比较紧密的理论和方法，为社会心理服务工作者提供理论指引。

1. 社会支持理论

社会支持理论是指利用物质和精神方法，在特定的社会网络中对社会上的弱势群体进行无偿救助的总和[9]。根据其内容，社会支持可以包含工具性支持与表达性支持两类。工具性支持包括实质行动，如指导、协助、提供物质协助及解决问题等，而表达性支持则包括心理支援、情感支援、提升自尊心、情感支援及认同等。此外，社会支持可以来自正式的社会支持系统（如社会正式组织提供的支持），也可以来自非正式的社会支持系统（如人际互助网络提供的支持，又如亲友、邻里、同事等）。

社会支持是社会心理服务体系的鲜明本质，社会支持的内容提示体系建设过程中既要充分挖掘社区邻里、家人朋友等非正式支持系统，即个体自身和人际关系网络资源，又要积极发挥政府各部门和社会各组织作为正式社会支持系统的作用。社会支持注重健全个体的社会心理支持网络，构建个体–群体–社会的多维支持结构，主动挖掘并提供满足个体多元社会心理需求的工具性和表达性支持。

2. 社会控制理论

社会控制理论是美国社会学家赫希提出的一种理论，主要是为了减少"离经叛道"的行为而提出的，其基本观点是个人与社会的联系能够防止个人发生不利于社会及他人的行为。根据该理论，有四个维度可以大幅减少个体的越轨行为，分别是依恋、奉献、参与和信念[10]。社会心理服务体系的目标之一是减少极端案（事）件的发生，通过应用社会控制理论的四个维度，社会心理服务工作者可以从多个方面防止极端恶性事件的发生，促进社会的和谐、稳定和安全。

3. 生态系统理论

生态系统理论是建立在一般系统理论基础上的重要分支，它整合了生态理论，把人类的社会环境（如家庭、社区、机构）看作是具有社会性的生态系统。生态系统可分为三个基本类型：微观系统、中观系统、宏观系统[11]。在社会工作领域，强调将服务对象放置在其所属的生态系统中进行考察，以揭示服务对象如何与所属的生态系统进行交互，以及这些交互如何影响他们的行为。社会心理服务体系强调有群体、组织的地方都要有社会心理服务，要将其嵌入各系统、行业的实际工作和人员管理中，实现有效覆盖。生态系统理论可帮助社会心理服务工作者从更宏观的角度把握社会心理服务全覆盖的支持链的建成。社会心理服务工作者可从生态视角调整服务对象的家庭环境，有效回应和满足服务对象和所属家庭的需要。

4. 优势视角理论

优势视角理论认为每个人都具备可以改变的能力，拥有自身的特长、内在品质和独特资源，即使处于严重困境中的个体也有未被察觉的潜在优势[12]。在社会心理服务中，我们应该关注服务对象及其环境中存在的优势资源，帮助他们发现自身的闪光点和可利用的外部资源。优势视角理论可以帮助社会心理服务工作者及时进行心理疏导和干预，提高服务对象积极面对生活的信心和勇气，树立乐观向上的心态。

5. 个案工作方法

个案工作是社会工作者利用人与社会的专业知识和技能，为个人和家庭提供支持与服务的工作方式。旨在为个人与家庭减压、排忧解难，达到一种良好的个人与社会相协调的状态[13]。个体的心理健康是社会心理服务体系关注的重点，个案工作在心理疏导方面具有明显的效果。例如，面对失独父母、留守儿童、失学未成年人、空巢老人、单亲家庭成员等不同的社会群体[14]，社会心理服务工作者会积极介入，利用个案工作技巧和方法，针对不同个体的心理需求，有针对性地提供心理疏导、情绪疏导、精神抚慰等服务，帮助服务对象解决心理困扰和问题，推动个人的成长和发展。

6. 小组工作方法

小组工作是以小组成员为主体，注重借助小组经验和社会工作者的支持，以恢复和发展社会功能为目的[15]，促使成员通过小组活动过程发生行为改变的工作方式。小组工作的优势在于组员的问题和需求相似，他们可以根据自己的意愿选择参加小组，并通过小组活动来学习人际规则和社会规范。社会心理服务工作者可以在社区、学校、企业和其他领域广泛开展小组工作。例如，当一个失独家庭在社区内的自我认同度较低时，社会心理服务工作者可以组建一个成长性小组，通过小组活动来引导服务对象回顾生命历程中的成功经历，重新关注当前的问题，并帮助他们提升自我价值，更好地适应社会并融入其中。

7. 社区工作方法

社区工作是一种致力于为全社区和居民提供服务的社会工作方式，以提供对社会有帮助、有益处的服务为目标[16]。社区工作在社区建设中具有独特的优势作用，是社会工作发挥作用的主要平台和载体。社区是社会治理的重点，也是社会心理服务体系建设的重点，社会心理服务工作者可按照社区工作的方法开展以下工作：协助社区工作者开展心理健康宣传教育活动，将心理健康知识传达给社区居民；为出现心理问题的居民提供心理疏导、情绪解压、关系调适、心灵抚慰等服务，做到早排查、早发现、早处置，防止发生个别极端案（事）件；积极培育社区社会组织，通过动员和组织居民参与各类活动，通过重建邻里关系、维护社区稳定、提高社区自我参与、自我治理能力等方式，倡导共建共治、共享理念。

⊃ 防治疾病、维护健康、提升素质相兼顾

目前不少社会心理服务体系建设实践者在防治疾病上面下功夫，忽略了在维护健康、提升素质方面发力可以有效实现防治疾病的目的。因此，要真正维护人民群众的心理健康，应做到防治疾病、维护健康与提升素质兼顾。

预防心理问题，减少心理疾病

引导公民提高心理健康意识，积极接纳、调适、消除心理困扰，缓解个体的亚健康心理状态。主动为遭遇生活不幸的人群等适时提供哀伤辅导和创伤干预，为弱势群体与特殊人群提供心理疏导、情绪疏解等心理健康服务，预防心理问题加重甚至演变为精神疾病。对心理行为问题者及时进行有针对性的干预，对心理疾病患者根据其疾病严重程度进行相匹配的药物、心理、物理治疗，为特殊人群制定个性化心理干预方案，为严重精神障碍患者多渠道提供必要的心理服务和生活帮扶。

维护身心健康，促进心理和谐

健全全方位、全覆盖的个人—群体—社会的心理服务网络，通过密切合作的心理健康宣传教育、心理咨询、心理治疗、心理危机干预等模式，促使个体达到认知合理、情绪稳定、行为适当、人际和谐、适应变化的功能良好状态。全面普及和传播身心健康知识，强化身心健康自我管理意识，掌握自我心理调适方法与常见心理行为问题的识别方法。倡导大众科学认识心理行为问题和精神疾病对健康的影响，

加强人文关怀和生命教育，削减对心理问题的偏见与歧视。

提高身心素质，达到心理幸福

加强心理健康教育，倡导"每个人是自己心理健康第一责任人"的理念，提高民众发现、应对和解决心理问题的能力，主动缓解自身亚健康心理状态，积极调适情绪困扰与心理压力，培养健康积极、乐观向上的心态，培养自尊、自信、自强、自立的心理素质，促进身心健康素质明显提高。培育"身心同健康"等正确的健康意识，使人们内心具有情绪稳定、自我悦纳等特征，外在则能有适应良好的行为表现，实现人际和谐及个人成就，使个体的身心及社会活动处于一种持续积极且良性发展的平衡状态。

● 化解社会矛盾、维护社会稳定、提高社会文明相兼顾

在推进社会心理服务融入社会治理的各个环节中，需要调整过于"硬性"的治理方式，以社会心理服务实现"柔性"社会治理，实现社会治理的刚性与柔性相结合，刚柔并济，取得实效。

化解社会矛盾，加强社会治理

加强基础性、预防性心理测评，开展社会心态预测预警，畅通群众诉求反映渠道。及时发现和掌握有严重心理问题的高危人群及突发事件的苗头，协调多方解决问题、化解矛盾，调解、减少甚至避免社会冲突，确保因矛盾突出、生活失意、心态失衡、行为失常等导致的极端案（事）件明显下降，切实把矛盾解决在萌芽状态、化解在基层。完善特殊人群与弱势群体的心理疏导和干预，提高其耐受挫折和适应环境的能力。

维护社会稳定，促进社会和谐

通过建立家庭、社区、单位相配套的社会心理服务链，实现个体、群体心理健康，家庭幸福和睦，人与人、人与社会和谐相处，预防和减少不良心态、极端行为的产生，最大限度消解社会戾气，防范化解个人极端风险。培育自尊自信、理性平和、积极向上、亲善友爱的社会心态，建立乐观向上的现代文明理念和心理健康意识，显著增强个体秩序感和自律性，全面提高民众心理素养，实现社会安定和谐，推动社会整体向健康可持续的方向发展。

提高社会文明，达到社会幸福

健全政府、社会、家庭"三位一体"的帮扶体系，加强人文关怀，提供心理支持、满足心理需要、促进社会融入，实现物质生活与精神生活的全面富足。提升公民意识和社会参与感，整合并优化社会秩序规范、行为准则、伦理标准、意识形态和公共信任体系，营造知荣辱、讲正气、作奉献、促和谐的良好社会风尚，实现社会文明程度的持续提升，中华民族精神文明的持续发展。满足人民对心理健康、幸福感的需要及对美好生活的向往，提高人民群众的获得感、幸福感、安全感。

第四节　四大系统

⮎ 机关企事业单位系统

机关和企事业单位在国家政治、经济、文化等各个领域都起着至关重要的作用，其平稳运行与我国实现经济高质量发展、全面建设社会主义现代化强国有着千丝万缕的联系。机关和企事业单位系统要看到职工的心理健康对促进整个单位运行发展的重要作用，以社会心理服务体系建设为契机推动单位运行和管理提质增效。

直面员工心理健康问题的挑战

把心理健康教育融入员工思想政治工作，制订实施员工心理援助计划，为员工提供健康宣传、心理评估、教育培训、咨询辅导等服务，为员工主动寻求心理健康服务创造条件，帮助组织更好地预防、发现和解决职工心理问题。对处于特定时期、特定岗位、经历特殊突发事件的员工，及时进行心理疏导和援助。

推广和普及心理服务

机关和企事业单位可以发挥自身的优势和特点，结合组织自身工作实际建设本组织的社会心理服务体系，在原有的组织结构体系的基础上，通过与干部职工队伍建设、党建工作、工会工作等工作相结合，推广和普及职工心理服务，实现一批人率先接受服务、改变认知，接着带动亲属、家庭等认可社会心理服务，循序渐进推动服务开展，增强针对性与实效性，从而提升职工的身心健康素养和保障组织高效运转。

专业场所和人员

不同的机关与企事业单位要根据行业特点，在工作场地设立社会心理服务场所，配备一定数量的专业人员，对工作对象开展心理健康教育，提供心理健康评估、心理咨询、危机干预等服务。对容易产生心理问题的群体予以特别关注，为空巢、丧偶、失独、留守老年人，孕产期、更年期和遭受意外伤害的妇女，流动、留守和困境儿童、孤儿，残疾人等重点人群及其家属等提供心理健康服务。要完善流浪乞讨人员、公安监所被监管人员、服刑人员、社区矫正人员、刑满释放人员、强制隔离戒毒人员、社区戒毒社区康复人员、参加戒毒药物维持治疗人员和自愿戒毒人员等特殊人群的心理沟通机制，加强人文关怀，促进社会融入，提升其适应环境、重返社会的能力。

○ 学校教育系统

随着经济社会的快速发展，学生成长环境不断变化，学生的心理健康问题日益凸显，如何促进学生身心健康、全面发展，成为党中央关心、人民群众关切、社会关注的重大课题。学校教育系统社会心理服务体系作为整个体系中不可或缺的组成部分，对于预防学生心理问题，减少精神疾病，维护身心健康，促进心理和谐，提高身心素质发挥着举足轻重的作用。近年来，教育部出台了一系列指导学生心理健康工作的政策文件，引领推动我国学校心理健康工作的逐步发展完善。例如，教育部等十七部门发布《全面加强和改进新时代学生心理健康工作专项行动计划（2023—2025）》中强调，面对越来越复杂的学生心理危机和心理健康问题，要坚持全面发展、健康第一、提升能力和系统治理的基本原则，统筹各项工作和要素，进一步健全健康教育、监测预警、咨询服务、干预处置"四位一体"的工作体系，完善学校、家庭、社会和相关部门协同联动的工作格局。为此我们在推进教育系统社会心理服务体系建设过程中，需要准确把握政策文件的内涵要求，推进理念、内容、方法、体系等的全方位创新，构建起符合当代学生心理发展特点、立体科学的社会心理服务体系。

○ 医疗卫生系统

医疗卫生系统在社会心理服务体系建设中起到重要的协调与推进作用，应以专业为基础联动各部门工作，搭建广覆盖的社会心理服务网络。

要搭建体系化的社会心理服务网络

加强卫健、教育、民政、精卫、社区、公安等单位协调合作，建立责任明确的管理制度，构建医院与社区、单位、学校等的互联互通架构，以使各部门充分发挥专业优势和力量，健全线下服务网络的搭建和运行。同时依托数字技术构建城市线上心理服务平台，为全体民众提供更为便捷、多元的社会心理服务。

要打造专业化的全链条服务模式

在卫生健康部门的协调联动下，依托社会心理服务网络，开展早期、中期、后期全链条服务。在心理问题早期预防阶段，全面开展科普宣传、心理评估、团体辅导等服务。在中期干预阶段，发挥精神专科机构技术优势，组织建立专业化的人才队伍，为有需要的群众提供及时、有效、方便的心理咨询与治疗、心理危机干预、热线心理援助等服务。在后期预后阶段，依托社会组织、康复机构等，定期与基层医疗机构共同开展康复随访工作，避免心理问题的复发。

开展精细化的全生命周期服务

社会心理服务体系不只是预防、干预和治疗心理疾病，还包括促进人格健全、素养提升、潜能开发、品质培育等多方面的内容。应针对不同年龄段、不同群体的特点，开展精细化、个性化、多元化的社会心理服务。例如，通过早教培训、心理服务进校园、特殊儿童关爱计划、未成年人心理保护服务等方式，培育健全完善的心理素质，抵御儿童和青少年在成长过程中面临的困难和挫折对其产生的心理压力。此外，对于特殊群体应建立完备的心理健康档案，并为其开展多样化的趣味心理活动，给予其充分的情感和社会支持，帮助其更好地适应社会，同时及时控制和消除心理问题与危机的风险。

⊃ 基层社区及农村系统

基层社区和农村系统建设社会心理服务体系对于促进居民心理健康，改善社区、农村居民生活质量，实现城乡一体化发展具有重要意义。第一，从全人群的生命周期服务出发，在基层社区搭建以个人为核心的支持系统，围绕妇女、儿童、青少年、老年人等大多数人群开展全覆盖的社会心理服务。第二，针对其他人群，如社区精神障碍康复患者，以及困难家庭、失独家庭和社区矫正人群等特殊群体开展具有针对性、个性化的社会心理服务。第三，完善社区及农村社会心理服务相关配套设施和体系的建设，为社会心理服务夯实软硬件基础。第四，绘制出社会心理服务的最大"同心圆"。构建社会心理服务体系不能只强调独立的体系，应该是跨界共创、资源共享，党委政府能精准有效地为人民服务，中华优秀传统文化深入人心，生态环境疗愈群众心灵，同时专业机构、行业组织可以直面群众心理问题并发挥实质性作用，使亲子、邻里亲朋等能够和谐共处、相互理解。第五，从受众需求出发，量身打造高质量的社会心理服务。不同群体具有不同的心理特点和需求，社会心理服务工作者需要根据服务对象的特殊性和面临的具体问题，有针对性地定制服务内容。第六，城乡之间不同的居住模式、社会流动格局会产生不同的心理需求，如城市、乡村及两者间的过渡地带的居民在精神文化需求和心理疏导需求方面差异明显，因此开展社会心理服务要具有差异性与区分度，从而更好地满足居民的心理健康需求，提供全方位、多层次的心理支持，提升居民幸福感。总之，做好基层社区及农村社会心理服务工作，是全面促进人民心理健康、提升生活质量、增进人民福祉的重要基础。

第五节　五大要素

⊃ 人

随着社会心理服务体系建设的深入推进，各地心理工作者、社会工作者的数量不足在制约着体系发展。为解决上述问题，各地涌现出各类不同方向、不同名称、不同内容的考试认证培训，但人才培养效果难以保证。培养切实符合社会心理服务体系建设实际需要的人才队伍尚需进行专业性引导和规范化建设。目前的社会心理服务工作者队伍主要由心理咨询师、社会工作者和基层社会治理人员等构成。其中，心理咨询师队伍受限于职业伦理，难以主动积极地预防解决心理心态问题，同时心理咨询师资格证考试认定取消后，心理咨询师队伍培养面临困境。社会工作者队伍具备一定的心理学基础知识与技能，但在深度心理健康服务方面的技能较为薄弱。基层社会治理人员对开展基层工作颇有经验，但其工作方式在专业性和有效性方面有待提高。社会心理服务体系建设需要庞大的人才队伍，有群体、有组织的地方都需要有开展社会心理服务的人员，因此需要对来自不同行业、领域、学科背景的人员进行知识与技能培养，从而为实现社会心理服务全覆盖的预期夯实一定规模的人才队伍基础。

结合国家政策与实地调查研究，我们建议从事社会心理服务的专兼职人才队伍可统称为社会心理服务工作者（社会心理服务师），具体是指融合多学科理论与方法，按照社会心理服务体系建设的内容、规范、要求，积极主动预防和解决个体、群体与社会层面的各类问题，提供全方位、多层次、多元化社会支持的人员。社会心理服务工作者（师）人才队伍培养培训体系可分为初级、中级、高级水平分级体系，以及继续教育培训、督导认证等。社会心理服务工作者（师）往往具备多重身份、多重功能，在遵守原领域职业伦理与规范的同时，也从事社会心理服务工作。

有群体、有组织的地方都要培育自己的社会心理服务工作者。整合多领域人才资源是实现社会心理服务工作者队伍多元化的重要保障。要鼓励社会工作专业队伍、心理咨询人员队伍、医疗机构心理健康服务队伍、心理健康服务志愿者队伍等积极加入，要大力支持来自不同领域、不同学科背景的人员积极参与社会心理服务，如基层社区（村部）、教育系统、机关企事业单位、医疗机构等组织单位。社会心理服务工作者往往具备多重身份、多重功能，在遵守原领域职业伦理与规范的同时，在社会心理服务体系建设中也扮演重要角色。

服务于社会心理服务体系建设的各类工作者，一定要形成社会心理服务体系的系统观念、融合思维，改善工作方法、思维模式、生活方式，预防和初步解决各类心理心态问题。运用社会心理服务提高各行各业、各个岗位的工作胜任力，和各项工作的心理服务需求、科学管理、解决问题有机地结合起来，进行更加定制化的人才培养，解决实际问题。

除此之外，应发展医疗机构心理健康服务队伍、规范培育心理治疗和心理咨询人员队伍。增加医疗机构中心理健康服务专业人员。通过精神科专业住院医师规范化培训、精神科医师转岗培训等，提升精神科医师数量和服务水平。综合医院（含中医院）要通过培训、继续教育等形式，对全体医务人员进行临床心理知识培训。规范化培育心理咨询人员队伍，开展实践操作等方面的继续教育、专业培训，定期开展督导，提高心理咨询人员的专业化水平。

⊃ 财

资金保障是确保社会心理服务工作顺利开展的必要物质基础，包括政府投资和非政府投资。政府投资主要是指财政投入，非政府投资主要是指社会筹措和市场投资，依此可建立多元化的资金筹措机制。

加大政府的财政投入力度

中央财政与地方财政应积极支持社会心理服务体系建设；要给予必要的经费保障，财政部门将试点工作专项经费并列入年度财政预算；对社区、学校、企业等的社会心理服务机构资金按经济发展水平进行适当补贴；制定合理的绩效考评制度，对于考核评分较高的单位采取以奖代补的方式给予资金支持。

建立市场化的运行机制

完善市场准入原则，为相关企业发展创造良好的社会条件；释放政策红利，为相关服务型企业提供创业支持，降税减息，提供创业贷款和奖补；提供创业资源，进行跨区域、跨领域的需求对接，政府可以通过向企业购买服务的方式为民众提供高质量的社会心理服务。鼓励建立多元化资金筹措机制，探索社会资本投入社会心理服务体系领域的政策措施。市场化的运行机制有助于在市场竞争环境下充分调动社会力量从事社会心理服务工作的积极性，保证社会心理服务资金来源的多样性和服务的优质性。

积极开拓公益性服务的筹资渠道

应发挥行业组织、公益组织、志愿性组织的作用，降低治理成本，建立专门的社会心理服务公益基金，充分发挥社会资本的有效作用，为社会心理服务体系建设提供多元化的支持和保障。

⊃ 物

线下方面：按照《关于印发全国社会心理服务体系建设试点工作方案的通知》要求，建议各地区社会心理服务场所进行规范化设置。各区县的服务场所称为"社会心理服务（指导）中心"。各乡镇（街道）的服务场所称为"社会心理服务（工作）站"，可在原有综治中心、政务中心、党群服务中心等场所的基础上成立。各村（社区）的服务场所称为"社会心理服务（工作）室"，可在原有心理咨询室、社会工作室、社区健康服务中心等场所的基础上成立。按照要求，建议各机关和企事业单位均参照上述设置规范化社会心理服务体系各级组织机构及服务场所名称。此外，要加强社会心理服务（工作）站、社会心理服务（工作）室软硬件设施建设与管理，增强提供全面、完善的社会心理服务的能力，根据具体需求设置不同的功能室、配备相应的软硬件设备，实现科普宣传功能、心理测评功能、心理素质拓展功能、心理危机干预功能、思维训练功能和宣泄疏导功能等。

线上方面：各地区可以依托数字技术构建城市线上社会心理服务平台，为群众提供更为便捷、多元的社会心理服务。通过录制心理网络科普课程，鼓励民众学习心理健康相关知识，提高民众对于心理健康的认知水平；邀请专家入驻网络平台，民众可通过网络与专家实现远程心理咨询；建立心理健康测试问卷库，民众可参考问卷结果选择多元化的心理服务方式；通过大数据与网络平台为民众建立心理健康电子档案，实时监测民众心理健康数据，做到及时筛查、及时发现、及时干预等。要注意线上社会心理服务与线下社会心理服务的联动，掌握运用热线电话、网络、App、公众号等进行线上社会心理服务的技能，同时增强针对各种情况实地开展社会心理服务的能力。

⊃ 机构

各地区有关部门要探索支持、引导和培育社会心理服务机构参与社会心理服务体系建设的政策措施，并研究制定管理、规范、监督、评估社会心理服务机构的相关措施，促进社会心理服务机构专业化、规范化发展。通过购买服务等形式，向各类机关、企事业单位和其他用人单位、基层组织及村（社区）群众提供心理咨询服务，逐步扩大服务覆盖面，并为困难群体提供公益性服务。社会心理服务机构要加大服务技能和职业伦理的培训，提升对心理行为问题的服务能力和常见精神障碍的识别能力。发挥社会心理服务行业组织的枢纽作用，建立心理健康机构、社会心理服务机构、学校心理咨询中心、精神卫生医疗机构、社会工作服务机构、心理健康志愿组织的合作机制，形成连续性的服务链条，实现共同发展。

精神卫生机构作为社会心理服务体系建设的重要力量，应建设心理学、医学、社会学等多学科融合的人才队伍，运用心理问题和精神疾病的干预技术、方法和经验，保障严重精神障碍患者的治疗和康复，推进心理服务网络、心理健康科普、心理热线等精神卫生机构职能，打造全方位、立体化的社会心理服务体系。通过"院前-院中-院后"的干预模式、覆盖全生命周期的心理问题防治模式、优秀传统文化润心模式，为精神障碍人群打造多元化的有效服务模式，推动精神卫生机构融入社会心理服务体系建设，维护社会大众心理健康，促进社会心理服务体系建设的发展。

⊃ 机制

为保证整套社会心理服务体系长期有效正常运作，需建立相应的常态化、长效化工作机制。具体来说，以体系化构建为抓手，以标准化建设为引领，以源头化治理为目标，以信息化技术为手段，以制度化、法制化为保障，以产业化发展为动力，提供全方位、全周期、多层次的社会心理服务，并从组织、资金、环境、人才等各方面予以保障使其长期有效，从而打造具有中国特色的社会心理服务模式。

体系化构建机制

加强"顶格谋划、全面推进"，构建"横到边、纵到底"的联动工作机制，通过上下联通、信息共享，确保各项工作的有序推进。同时，打造研讨交流平台及线上线下服务平台，织密织牢社会心理服务网络，促进体系建设。

标准化建设机制

坚持标准引领，创建标准工作体系，统一部署、统一管理、统一培训、统一考核，为社会心理服务体系建设提供标准依据，提升社会心理服务体系建设规范化、精细化水平。

源头化治理机制

打造心理宣传阵地，开展心理服务"六进"（即进万家、进学校、进企业、进机关、进监所、进医院）系列宣传活动，并将社会心理服务工作融入信访、公安、检察等部门的日常工作，关注重点、特殊人群，将矛盾纠纷化解在源头，同时健全心理疏导和危机干预机制，帮助广大民众减轻心理压力，排解不良情绪，提升心理健康水平。

全周期服务机制

倡导全过程服务理念，针对各年龄段人群的心理健康状况开展精细化服务，做好婴幼儿心理健康源头防控、儿童心理健康早期干预、青少年心理健康成长塑形、成年人心理健康疏导维护、老年人心理健康关心关爱等工作，用"全周期管理"提升社会治理现代化水平。

信息化赋能机制

充分利用互联网、云计算等信息化、数字化手段为社会心理服务事业赋能，为体系建设工作提质增效。一方面，依托新媒体平台，研发社会心理服务云平台，打造全民心理数据库。另一方面，综合运用融媒体，线上和线下相结合，推动心理宣传科普全覆盖，全面提高民众精神卫生和心理健康素养。

品牌化引领机制

搭建学术研讨平台，总结提炼各地社会心理服务体系建设试点工作经验。同时，结合中国具体国情与中华优秀传统文化，打造具有中国特色的社会心理服务品牌，展现中国力量。

产业化发展机制

加大投入力度，引进心理服务企业、高水平研究机构，打造专业人才集聚地，发展志愿服务生力军，构建心理健康产业先行区，从而推动公益事业与心理服务产业共同发展。同时为激发产业发展的内在驱动力，应通过强化理念传播、加强服务标准化程度、提升服务职能化、完善国家行政保障、全面赋能幸福产业、融合市场以及科技驱动服务创新等七个切入路径，全面推进社会心理服务体系产业化建设。

制度化保障机制

建立健全体制机制，形成合理、合适、科学的制度文件，利用制度优势促进社会心理服务体系建设走深走实。加强党政领导，健全"双牵头"工作模式，政法部门将社会心理服务体系建设纳入平安建设考评内容，卫生健康部门提供技术支持，完善多部门协同联动，从人、财、物、机构、机制层面入手完善保障机制。

法制化建设机制

加强法制化建设，尽可能清晰界定党委、政府各部门及社会组织的职能定位和行为规范，规范人、财、物等各类资源的布局及其调配流程，完备心理危机应急响应和联动干预机制，以及社会心态趋势变化的研判预警机制。

第六节　六大内容体系

⊃ 社会心理服务科普宣传教育体系

在社会心理服务体系建设过程中，宣传教育体系的正式和非正式媒介在宏观支持与回应性管理中起到了不可或缺的重要作用。社会心理服务宣传教育体系应该是"科普＋宣传教育＋服务"多位一体且能够同时兼容相关工作的联动融合模式，需要建立宣传部门主导、多方参与的多元宣传体系，在充分了解大众心理诉求和现实需要的基础上增强宣传教育针对性，提高群众对常见心理问题和精神疾病的早期识别与应对能力。

创新科普宣传教育形式，吸引民众广泛参与

积极探索以心理剧、微电影等艺术形式进行科普宣传教育的模式，有效发挥艺术易接受、易产生共鸣、易传播的优势。从百姓生活中挖掘心理问题产生的过程，并配套解决方案，把阳春白雪式的"心"道理，用雅俗共赏的方式尽情演绎，既有欢歌笑语，也有发人深省。同时，融合创新多感官共同参与的宣传教育形式，通过图、文、声、像等多感官共同参与的手段更高效地向民众传递心理健康教育信息，让百姓更加深入地理解社会心理服务体系，让知识入脑入心。

坚持生活化、本土化宣传教育

科普宣传教育要从对象群体的特点特性与现状出发，用民众喜欢、熟悉的载体，回应民众日常的关心关切关注。首先，要提炼符合社会心理服务体系建设语境语态的优秀传统文化，与宣传教育体系有效融入、结合，提升宣传教育载体文化深度。其次，要契合百姓工作生活规律，最大限度方便民众的参与，既把握好休息日的大块时间，也要合理利用日常的碎片化时间，将社会心理服务融入百姓的工作和生活。最后，要重视宣传教育活动对整个社会层面的影响，注重对负面社会心理的干预，最大限度消解社会戾气，引导社会舆论导向，把负面群体心理及各类社会不良心态疏导在早、化解在小，营造培育知荣辱、讲正气、作奉献、促和谐的良好社会风尚，努力提升国民心理健康水平。

融合创新"社会心理服务 +"模式

社会心理科普宣传教育活动是推进社会心理服务工作最为基础的环节，应将其嵌入体系建设的每一项工作里，融入所及的各行各业中，关键是要科学整合、统筹

利用多方资源，构建多方参与的宣传教育格局。各级政府要持续推进心理健康科普工作，开展心理健康公益讲座与知识培训，支持心理知识线上和线下的推广活动，鼓励多媒体平台开通心理健康节目或专栏，结合民众的生产生活广泛宣传心理健康知识。教育系统应推动心理健康教育常态化、制度化，将心理健康教育纳入部门整体发展规划和年度工作计划中，将适合学生特点的心理健康教育内容融入日常教育教学活动中 [17]，建立健全教学目的明确、教学内容翔实、教学途径多元、教学评估准确的校园心理健康教育体系 [18] 及科学规范的工作机制。

● 社会心理服务测评体系

社会心理服务测评体系既是社会心理服务体系建设开展的前提，也是评估社会心理服务体系建设质量和成效的重要手段。首先，社会心理服务测评体系可以帮助我们筛选出不同心理健康程度的个体，为后续提供更具针对性的服务奠定基础。依托社会心理服务测评体系，各地区可开展心理危机的筛查与预警监测，及早发现和掌握有心理问题的高危人群及突发事件苗头，及时疏导化解矛盾问题。其次，社会心理服务测评体系可以根据已获得的心理数据结果，为描述各个群体、各个领域的心理状况提供量化指标，也为地方社会治理的决策和评价提供重要参考。最后，社会心理服务测评体系是保障社会心理服务体系建设质量与效果的测评制度。通过对心理各方面开展广泛的定性、定量调查，系统客观地评估心理心态情况，同时结合心理科学规律制定信度和效度科学统一的社会心理服务评判标准，在各个领域进行事前、事中及事后的效果评价和质量控制，评判社会心理服务水平，保障社会心理服务效果。因此，各地应建立起全面系统、科学规范且以服务为导向的社会心理服务测评体系，在遵循相关伦理原则和规范的前提下做好社会心理服务测评工作。

社会心理服务测评体系有两方面的重点工作：一方面是**建设心理测评综合干预**

系统。社会心理服务测评体系不只局限于问卷测量、个案访谈等具体工作，而是从心理测量的角度将心理测评、心理咨询、危机干预、大数据分析四大板块进行概括整合，最终形成综合性测评体系。另一方面是**积极寻求社会支持**。社会心理服务测评体系不能独立于社会系统而存在，越是能够融入整体社会发展中，社会心理服务测评体系的构建就越有效、越充分。首先，要寻求政策支持，就应做好保障工作，积极争取有力的政策支持，确保呼应社会需求，争取建设空间充足、人员力量健全、资金资源充分。其次，寻求各部门支持，应综合统筹社会心理服务测评工作，协调联动各部门对社会心理服务体系全过程进行综合系统的追踪，做到全方面、全环节、全覆盖。同时应建立部门间的有效沟通反馈机制，确保不同环节之间的有效衔接，实现对每个环节的客观评估，保证心理服务体系的质量和效果。最后，寻求制度支持，相关部门应充分调研、先行试点，以政策制度建设指导社会心理服务测评体系落地，做到全环节有规可依，以健全制度支撑体系建设。此外，政府还须整合资源力量提高整体运作及联动效率，加强交流合作与信息共享，建立多部门协同工作机制。

◯ 社会心理服务教育培训体系

社会心理服务教育培训体系要探索多样化复合应用型人才培养模式。培养面向各行各业、各类人群提供积极主动、普惠公共服务的社会心理服务工作者。培育社会心理服务必备的基础能力，运用社会心理服务提高各行各业、各个岗位的工作胜任力，和各项工作的心理服务需求、科学管理、解决问题有机结合起来。

根据实践探索，可有序实施、分步健全完善社会心理服务教育培训体系。建议社会心理服务工作者人才队伍培养培训体系可分为"1+X"社会心理服务工作者（社会心理服务师）初级、中级、高级水平分级体系，以及继续教育培训、督导认证等。

各地区可以此为参考，系统开展本地区人才队伍培养培训工作。

"1"即社会心理服务工作者/师（初级），是指来自不同领域、不同学科背景的人员经过专业知识学习、专业实操及培训认证后可以开展基础社会心理服务工作。社会工作师、心理咨询师、媒体宣传人员及来自基层社区（村部）、教育系统、各机关企事业单位、医疗机构等从事社会心理服务的人员均可参加培训后成为社会心理服务工作者/师（初级）。具备社会心理服务工作者/师（初级）资质者，经进一步加强知识和技能的更高层次培训，在累积一定的社会心理服务时长后，可进行理论与实操能力的进阶认证，成为中级水平的社会心理服务工作者/师。"1"代表了开展社会心理服务工作的基础能力。培养在各行各业、各个领域开展基础社会心理服务工作的人员，一方面预防和初步解决各类心理心态问题，另一方面运用所学在本职工作中解决实际问题。

"X"即社会心理服务工作者/师（中级），就是社会心理服务和各个岗位的深度融合，包括四大系统：社会治理系统、机关企事业单位系统、学校教育系统和医疗卫生系统，以及其他需要心理服务的细分领域（如残疾人服务、消防员服务等）。"X"强调进行更加定制化的人才培养，找准各个领域的痛点，解决实际难题。例如，社会心理服务者/师（社会治理系统）培养在政策规范引领下，运用社会心理服务的理念和方法，能在各级社会治理部门、组织及机构中从事化解社会矛盾，防范社会风险，开展危机干预，加强社会治安防控，维护社会稳定与安全，促进社会治理现代化等工作的高素质专业化复合应用型人才。不同的系统和领域可以结合各种需求及需要解决的问题，进行不同的内容设计。

社会心理服务工作者/师（高级）是指具备社会心理服务者/师（中级）资质者，若相应学科知识群储备完善，实操能力突出，精通系统性、全局性工作的部署和开展，即认为达到可以督导社会治理工作的预期水平，成为高级水平的社会心理服务工作者/师。

对已获得认证的专业社会心理服务人员，要健全完善的科学督导体系，加强理论与实践双融合、双促进、双提升。要定期开展知识理论更新，继续提升其理论专业化水平。要结合不同行业特点与工作方向，因地制宜、有的放矢地进行类型化后续培训，增强解决各个系统、各个细分领域实际问题的能力和水平。

未来，随着社会心理服务体系建设全面开展，以及各地区社会心理服务工作者人才队伍培养培训体系的成熟，可探索将培养培训体系转化为国家认可的专业技术人员职业资格认证，即社会心理服务工作者职业资格，探索建立助理社会心理服务师、社会心理服务师和高级社会心理服务师三个级别的水平评价类职业资格认证。

⤷ 社会心理服务咨询服务体系

社会心理服务咨询服务体系是社会心理服务体系建设的必要组成部分，具体是指通过个体咨询、团体辅导、自助干预等多种咨询服务模式，科学有效地解决社会心理服务对象诸如心理干预、法律援助、矛盾调解、医疗转介等各类问题的综合性服务实践，旨在回应人民群众多元化的心理需求，提高个体、群体和社会的健康、平安与幸福。

要想更好地理解社会心理服务咨询服务体系的内涵，我们可以聚焦其中的三个关键词：咨询、服务和体系。首先，这里的咨询不等于传统的心理咨询，社会心理服务工作中的咨询形式更多元、内容更广泛、效果更显著，它是指以解决服务对象的问题为目标导向，由咨询双方共同合作，最终达成互利共赢的咨询服务过程。民众可以向社会心理服务工作者咨询心理健康和情绪问题，也可以咨询个人成长和发展规划，还可以咨询现实物质困境和法律援助等问题。针对民众的不同需求，专业的社会心理服务工作者既可以提供直接的助人服务，也可以提供相应的信息和支持并帮助链接需要的资源。其次，服务是整个社会心理服务体系建设的基本落脚点，社会心理服务工作的本质是一项专业助人服务，咨询服务是其中一项具体的助人服务内容。咨询服务的开展要坚持以人民群众所需所求为出发点，提供覆盖全人群、全周期、多领域的高质量服务模式。最后是体系，咨询服务体系的搭建建立在人、财、物、机制和机构五要素整合的基础之上，需要打通各系统、各行业及各领域间的信息沟通渠道，整合各方信息资源，积累掌握多学科、多专业及多方面的常识、技术和方法，尽可能为服务对象提供多层次、多元化及全方位的社会支持和咨询服务。

搭建社会心理服务咨询服务体系要秉承核心价值观、注重源头治理，以社会主义核心价值观作为咨询服务体系建设的方向引领，改善优化整体社会文化和生态环境，以人民为中心，鱼水共养，培育自尊自信、理性平和、积极向上的社会心态；要坚持系统观点和平台思维，从生物、心理和社会文化等多角度认识和解决服务对象的问题与诉求，建构线上和线下咨询服务集成平台，促进信息沟通和资源链接；要建立专业团队、汇聚多方智慧，集结具有心理、社会工作和社会治理等多专业背景人才和一线服务经验的实践者形成咨询服务团队，联动家、校、社各方力量和资源为民众提供高标准、高质量的咨询服务。

⊃ 社会心理服务危机干预与管理体系

危机干预与管理体系是推进社会心理服务体系建设的重要一环，是推进新时代社会治理现代化的必要举措。整个危机干预与管理体系的建构需成立专项领导小组，并由政法委统筹规划心理疏导和危机干预工作，各政府部门、社会组织等多方力量参与，完善制度保障，加快人才队伍建设，形成多元协同治理的局面。

事前排查预防

危机发生前，需调动各方力量搭建线上和线下平台，做好预防性系统筛查工作，通过多次评估精准识别风险较高的个体，建立个人心理档案，观察存在风险个体、群体的心理状态。

事中介入干预

依据测评结果建立危机数据库后，需构建风险预警、联动干预、应急处置三大机制，分级分类进行管理，迅速解除危机，从而有效避免重大社会治安事件的发生。

事后保障评估

通过跟进、服务与保障工作，持续关注干预对象后续情况，帮助其恢复社会功能，重建健康心态。同时关注重点特殊人群，提供精细化服务。针对青少年，构建家、校、社联动机制，关注学生心理状态；针对夫妻，鼓励社会工作者、志愿者、心理咨询师等人员参与家庭矛盾调节，并对夫妻关系恶化、家暴、冷暴力、自杀倾向等进行危情应急干预，帮助修复关系；针对精神障碍患者，在完善医疗卫生服务网络的前提下，发挥社区力量，做好社区康复和管理工作。总而言之，各相关部门要做到信息共享、分工明确，密切关注相关人员的生活状况并开通绿色转介通道，以便迅速做出反应。

完善重大突发事件应急管理机制建设

针对幸存者、受害者家属、消防队员等不同人群的需求和现状，提供个性化、针对性的心理疏导和危机干预服务。一方面，做好救治救助和心理援助工作，引导其表达、释放不良情绪，以降低相关人员发生心理问题和精神疾病的可能性。另一方面，抚慰家属、救援人员、同学、同事、邻里等相关人员的情绪，并提供哀伤辅导和心理疏导，持续给予物质和精神支持，从而帮助其摆脱心理阴影，尽快回到正常的生活和工作中。同时，新闻媒体应合理、准确传播相关信息，安抚公众情绪，增强公众信心，避免因信息不明而导致的恐慌情绪蔓延。

⊃ 社会心理服务保障与评估体系

社会心理服务保障与评估体系包括建立规则完善、覆盖全面和信效度兼备的反馈和评估体系及总体统筹、保障适度和可持续的保障体系。

反馈和评估体系

反馈和评估体系是保障社会心理服务体系建设质量与效果的制度设计，通过对社会心理服务内容进行定期跟进和广泛调查，反馈和客观评价社会心理服务体系建设情况，并将情况纳入地方社会治理的决策系统，实现全方位、多层次的质量控制，为相关工作的开展提供依据和参考指标。首先，反馈体系通过把握社会心理服务的推进过程来进一步调整社会心理服务的各项工作，主要是指社会心理服务主管部门对心理心态数据、社会心理服务过程数据的收集和测量，通过及时反馈，实现对社会心理服务的全过程把握和动态控制。这是承载心理状态、心理服务内容的主体数据反馈到决策部门的过程，也是心理数据、心理服务内容采集产出和测量的过程，该任务需要观察和监督的范围应当是某一物理区域或行政区划内的全体数据或抽样数据，以直观体现一定的趋势和走向为基准。其次，评估体系是指结合心理科学规律制定信度和效度科学统一的社会心理服务评价标准，它对涉及社会心理服务的各个领域进行事前、事中及事后的质量控制，通过对社会心理服务效果的及时评价，保证其应有的效用。要构建一个规则完善、覆盖全面和信效度兼备的反馈和评估体系，应当充分完善社会态度、社会情绪调查系统和社会需求、社会影响调查系统，建立社会心理服务绩效评价系统，并将社会心理服务纳入健康、平安城市与村镇的评价指标体系。

保障体系

社会心理服务建设的保障体系是指为顺利完成社会心理服务工作而组成的涉及

人、财、物、制度和法律的体系，主要目的是使社会心理服务相关政策和工作方案的效益最大化，确保决策和实施方案贯彻落地，推进社会心理服务体系建设常态化和规范化。要构建一个总体统筹、保障适度和可持续的保障体系，应当落实人才队伍和学科理论体系保障、资金及物质保障、监督保障与法治保障。

第七节　七大人才培养模块

社会心理服务既是一项治理工程，又是一项社会工作，是人与人之间的一种互动和交流，社会心理服务的效果与服务主体有着直接关系，人才队伍和学科理论体系为社会心理服务体系建设提供生力军和技术支持，是一项事关成效的组织保障工作，是体系建设可持续发展的关键。基于一线实践可发现社会心理服务工作者既不等同于社会工作者，也不等同于心理咨询师，而是一个相对独立的整合概念。因此，要明确怎样培养人才队伍，需要什么样的学科理论体系进行支撑。

社会心理服务工作者队伍培养培训需要有健全的学科理论体系进行支撑。社会心理服务体系学科理论体系可按照"3+3+1"模式构建。

第一个"3"是指体系建设所需要的基本知识、技术和方法，是社会心理服务工作胜任力的基础和核心，也是培训体系中的根基和通识单元，包括心理模块、社会工作模块、社会治理模块。第二个"3"是指体系中独有的、创新的、具有中国特色的工作方法和模式，培养目标围绕创新工作能力和综合素质提升，是培训体系中的专项和提升单元，包括政策和规范模块、文化和特色模块、运营和服务模块。最后的"1"是指案例学习和实践操作，是理论转化为实践的实操单元，社会心理服务工作只有通过实践或实操才能真正发挥实效、结出丰硕果实。

我们可结合图 3-2 所示的三叶草模型来形象展示社会心理服务"3+3+1"的人才

培训体系。三叶草也叫幸运草，寓意着幸运和缘分。三叶草模型包括两块三叶草和一个果实，分别对应三大模块：即基础模块、提升模块和实践模块，其中每片叶子代表着不同的内容。具体包含以下几部分内容。

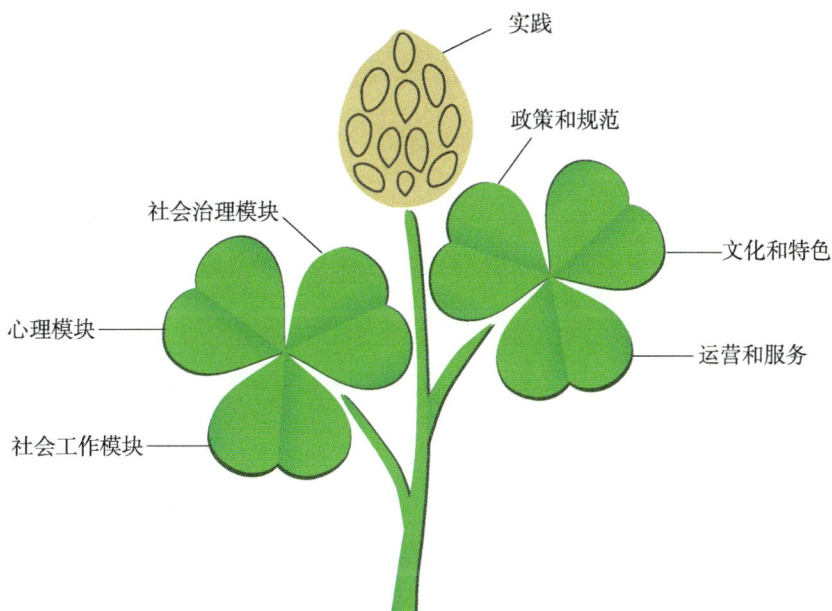

图 3-2　三叶草模型

⮞ 基础模块：心理、社会工作、社会治理

社会治理模块

社会治理是法治的底线，一切帮助和服务都要建立在合理合法的基础之上。因此其与社会心理服务关系密切，是社会心理服务的基础、原则和底线。社会心理服务工作者需要学习社会治理等相关学科理论，依法推进社会心理服务体系建设，增强运用系统观念、法治思维和法治方式解决实际问题的能力，推进社会心理服务体系融入市域社会治理现代化与基层社会治理创新，融入平安中国建设，促进社会心理服务体系法治化建设。

社会治理内容具体包括以下三点。

1. 习近平法治思想系列理论内容。掌握习近平法治思想，以法治思维谋划社会心理服务体系建设，提高运用法治方式推动发展、化解矛盾、维护稳定、应对风险的能力。

2. 总体国家安全观与平安中国建设相关内容。掌握总体国家安全观，培育防范化解社会安全风险的意识，提高运用社会心理服务体系进行风险隐患预判发现和化解处置的能力。

3. 社会治理现代化相关理论。运用社会心理服务体系融入市域社会治理，确保把大矛盾、大风险化解在市域；融入基层社会治理，把小矛盾、小问题解决在基层，防范化解个人极端风险。了解、掌握不同地区社会治理"心"模式的路径方法。

心理工作模块

心理模块是社会心理服务培养的技术核心和工具方法，是一切服务的基础。社会心理服务工作者需要学习掌握开展社会心理服务必备的心理学知识、方法和技能，为民众提供心理支持和帮助，提升人民心理健康水平与幸福感，培育良好的社会心态，识别并初步评估心理问题和精神疾病，为相关人群提供心理疏导、危机干预、心理援助和应急管理等。

心理工作内容主要包括社会心态变化趋势的预测与疏导方法、心理健康素养的培养与知识普及、心理发展与不同年龄群体心理特点的鉴别与引导方法、常见心理行为问题的识别与判断、人际沟通方法与心理会谈技术、心理干预方法与影响技术、压力管理与情绪调适方法、重点人群心理特征的把握与服务方法、心理危机干预与应急管理等。

社会工作模块

社会工作提供了一种主动服务的工作模式和方法，帮助社会心理服务工作者更加积极有效、落实落地社会心理服务。社会心理服务工作者需要掌握和运用社会工作的模式、方法，积极主动地为民众提供社会支持和各类便民服务，以及特殊和重点人群的救助帮扶、社会融入等。

社会工作方法主要包括社会工作价值体系与理论（社会工作理论与社会福利制度）、其与社会心理服务体系之间的关系、社会工作的几种主要方法（个案工作、小组工作、社区工作及社会行政工作）、社会弱势群体社会心理服务实务（涉及儿童、青少年、老年人、妇女、残疾人、失业者等方面）、社会工作专门技术（如困难救助、权益维护、资源链接、认知矫正、行为训练与矫治）等。

◑ 提升模块：政策规范、文化特色、运营服务

政策和规范相关内容

要站位准确、规范有效，把握社会心理服务体系建设的政策规范。

1.社会心理服务体系相关的国家宏观政策。理解掌握国家宏观心理政策的发展脉络，准确把握其中的内涵与外延，切实在社会心理服务实践中贯彻落实好政策要求。

2.社会心理服务工作的职业伦理、操守与规范化、标准化。以国家有关法律法规为指引，严格遵守社会心理服务中的服务适度、信息保密、伦理规范等原则，防范信息泄露，保护个人隐私，增强服务工作的规范性、标准性、科学性。

特色和文化相关内容

社会心理服务体系建设需结合中国特有的国情与文化特色。

1.特色。掌握针对不同性质行业、单位、地区、民族特点的专项专业社会心理服务内容，培育因地制宜、有的放矢的观念与思维。

2.文化。掌握适合当地文化社会特点，以及契合中华优秀传统文化、社会主义先进文化的社会心理服务内容。

运营和服务相关内容

灵活运用大数据、互联网等新技术手段实现对群体、组织和社会的服务和支持。

1. 社会心理服务知识科普与宣传教育。运用门户网站、微信、微博、手机客户端等平台，采用群众喜闻乐见的形式，传播心理健康知识，倡导健康生活方式。

2. 媒体宣传与危机公关。发挥媒体优势组织创作心理健康宣传教育精品和公益广告。提高应对重大突发事件快速反应、危机干预、心理援助、舆情应对能力。

3. 社会风险分级分类管理。增强运用社会心理服务体系融入从源头到末梢的全周期社会治理的能力，对重大社会风险分级分类，尽可能及时发现并将其处置于萌芽状态。

4. 场所建设与管理。加强社会心理服务（工作）站、社会心理服务（工作）室软硬件设施建设与管理，增强提供全面、完善的社会心理服务的能力。

5. 线上与线下社会心理服务。掌握运用热线电话、网络、App、公众号等进行线上社会心理服务的技能，同时增强针对各种情况实地开展社会心理服务的能力。

6. 经费管理与资金保障。争取政府财政保障，探索多元化资金筹措机制与社会资本投入，积极开拓公益性服务的筹资渠道。

7. 实效性评估与反馈。加强调查研究，科学评估当地社会心理服务体系建设的现状，弄透、摸清难题与困境，强化对系统性解决问题的对策的反馈。

➲ 实践模块

即各地社会心理服务体系探索与实践应用。采取案例分析、学习研讨、参观调研、角色扮演、情景模拟、小组讨论、督导引领等形式，增强学员的学习参与度和实际工作中的迁移能力，只有通过实践或实操才能让理论与方法的学习结出丰硕的果实。

　　具体来说，首先，社会心理服务工作者需要熟悉各地社会心理服务体系的探索与实践，增强实际工作中的应用与迁移能力。其次，考虑构建社会心理服务工作者人才队伍培训体系，即社会心理服务工作者（社会心理服务师）初级、中级、高级水平分级体系及继续教育培训、督导认证等，逐步提升社会心理服务工作者的专业化水平。只有完成三基本和三提升模块的学习建设，我们才可能结出胜利的果实。要想结出果实还需要先开花，也就是要在督导下进行社会心理服务实习实践。只有在亲身探索和实践中获得真知，将知识融会贯通应用于实际，才能成长为合格的社会心理服务专业人才。

　　综上，三叶草模型体现了社会心理服务人才培训体系与各模块内容间系统和要素、整体与部分，以及相互联系、相互促进、相辅相成的关系。要把握好多元一体及其各模块之间的内在关系，统筹兼顾、全面推进、协调发展。

第八节　八层全周期社会支持系统

　　社会心理服务体系是一整套完整的全周期、全方位社会支持系统，这一系统呈现出以个体为核心搭建的全周期社会心理服务链条。如图 3-3 所示，同心圆模型全景式地展示了社会心理服务和社会支持系统的内容与组成，既是防范化解个人极端案（事）件的多维系统，也是为个体和群体提供各类社会支持，进而培育国民良好心理心态的多维系统。具体而言，同心圆模型包含着几方面：第一层为个体层面；第二、三、四层为群体层面；第五、六、七层为社会层面；同心圆的最外层是我们生活的生态环境空间，我们每一个人都被涵盖在内。

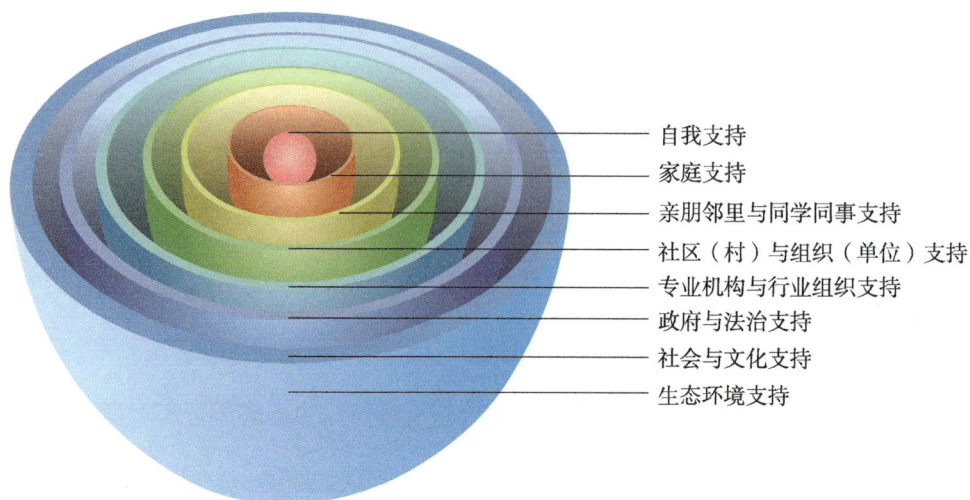

自我支持
家庭支持
亲朋邻里与同学同事支持
社区（村）与组织（单位）支持
专业机构与行业组织支持
政府与法治支持
社会与文化支持
生态环境支持

图 3-3　同心圆模型

⊃ 自我支持

积极引导个体学会悦纳自我，增强个体提高发现、应对和解决心理问题的能力，积极自助、善于求助，主动调适情绪困扰与心理压力，培养健康积极、乐观向上的现代人格和品质，培养自尊、自信、自强、自立的心理素质，促进自我身心健康素质的提升，实现身心和谐，达到身心幸福。

为处于心理亚健康状态的人群提供心理疏导、压力缓解、情绪调适等服务，必要时进行心理评估和咨询。

关注和满足重点人群的心理需求：对心理行为问题者及时进行针对性干预；根据疾病严重程度为心理疾病患者匹配合适的治疗方法；为严重精神障碍患者提供日常发现、登记报告、随访管理、风险评估、服药指导、心理康复等服务。

⊃ 家庭支持

当自我由于外界压力或现实性因素出现问题时，就需要以家庭为核心及时给予支持。家庭是个体成长的第一环境，加强家庭、家教、家风建设，给予充分的家庭关爱与支持能够减少心理疾患的发生。其措施主要包括：为有需求的家庭提供教育指导、情绪疏解、家庭关系调适等心理服务，提高家庭成员发现和解决心理问题及家庭矛盾冲突的能力；定期开展家庭教育，加强家庭、家教、家风建设，践行忠诚相爱、亲情陪伴等现代家庭理念，建设相亲相爱的家庭关系，弘扬向上向善的家庭美德，促进家庭成员间有效沟通、互相支持，构建幸福和谐的婚姻家庭关系。对于儿童，家庭是第一港湾，父母是其最初的学习对象，家长的教养方式、夫妻关系和家庭氛围或多或少都会对儿童的成长产生深远的影响。例如，民主型教养方式能培养出更具社会责任感和自尊水平更高的孩子，而采取容忍型教养方式的家长培养出的孩子容易形成自负、任性等负面的人格特征。对于夫妻，伴侣的支持和理解会化解人们在经历日常的挫折事件后产生的负面情绪，满足其对亲密感等生活所必需的情感需求，从而实现身心健康。

○ 亲朋邻里与同学同事支持

构筑守望相助的亲朋邻里关系，鼓励参与各类活动增进彼此了解互信，建立邻里家庭间亲善关心、互助友爱的多元支持网络，培育友爱、温馨的人际氛围。通过亲朋（同事同学）的接纳、共情、疏导与人文关怀，提供心理支持、满足心理需要、消除心理困扰，改善个体的亚健康心理状态，拉近人与人距离，提供人与人关爱，增强人与人支持，形成人与人互助自助的社会支持网络，预防减少不良心态、极端行为的产生。例如，当出现夫妻吵架、亲子不和等问题，第二层的家庭系统不足以支持时，就要向第三层的邻里、同学、同事、亲朋好友等求助。可在学校中设立心理委员岗位，开展基于同学支持的朋辈辅导；在组织里，同事、搭档之间可以互相给予支持；邻里之间也可以进行一定的劝解和疏导，这便是第三层的同辈支持和邻里间的守望相助。

⊃ 社区（村）与组织（单位）支持

搭建基层社区社会心理服务平台，将社会心理服务融入社区日常工作生活，完善"家校社"心理服务联动机制，营造平安温馨的社区氛围，打造"熟人社区"，提升社区居民心理健康水平与幸福感，促进社区治理现代化。此外，社区（村）是发现风险苗头的前沿阵地，要及时发现和掌握有心理问题的风险人群及突发事件的苗头，协调多方解决问题、化解矛盾，调解、减少甚至避免社会冲突，降低因矛盾突出、生活失意、心态失衡、行为失常等导致的极端案（事）件发生率，切实把矛盾解决在萌芽状态、化解在基层。

组织（单位）是人工作发展的地方，要广泛开展心理健康科普宣传，举办职场人际关系、情绪调节等方面公益讲座，提升职工心理健康意识，掌握情绪管理、压力管理等自我心理调适方法和抑郁、焦虑等常见心理行为问题的识别办法，对有心理困扰的职工及时跟进服务。管理者将心理服务融入思政党建和日常管理，关心关爱职工，推动职工个人成长发展与单位发展同频共振，提高组织效能。

当同事、同学无法提供支持时，就需要联系所在单位或社区的领导、村干部等给予支持。在我国，基层社会是一个人情社会和熟人社会，村主任亦或是家族中德高望重的长者的训话有时甚至会比咨询师更有效直接，所以要注重社区（村）和组织（单位）支持的作用。

⊃ 专业机构与行业组织支持

当遇到同事、朋友甚至领导也解决不了的事情时，就需要及时转介到专业机构、组织寻求帮助。专业机构与行业组织要积极配合政府，尽力而为、量力而行在如下方面发力。要加强科普宣传体系建设，弘扬"人人都是社会心理服务体系建设的参与者、服务者和受益者"的理念。完善测评与咨询服务体系，提供个体咨询、团体辅导、自助干预、专业评估和督导服务等多元化优质社会心理服务。加快建立人才培训体系，基于问题导向和系统思维设计专业培训以赋能各行各业、解决实际问题、促进提质增效。健全危机预防与干预体系，做好危机事件的事前预防预警、事中处置干预、事后服务保障等工作。此外，专业机构与行业组织要加强自律，规范服务行为，提高服务质量。

○ 政府与法治支持

健全党委领导、政府负责、部门联动、社会参与、专业支持、群众受益的长效工作机制，加强科学化、制度化、法治化建设，完善人、财、物、机制等保障体系，健全评估体系、完善监督考核机制，保障各个领域社会心理服务体系运行良好、有序落地。充分考虑时代要求、中国国情及各地文化特色和发展实际，因地制宜、循序渐进。提高政府各个部门对社会心理服务的了解与重视，统筹多方力量、加强多方合作，促使社会组织、专业协会等提供更多的心理服务项目，力所能及为民众提供公共性、普惠性社会心理服务。打造家庭、社区、各部门单位、组织机构联动的社会心理服务支持链，建立常态化心理疏导与危机预警干预机制，预防减少不良心态、极端行为，防范化解个人极端案（事）件。

社会心理服务体系建设是多维度、立体化的全方位建设，当其组织和运行发展到一定程度时，保障措施应上升到法律规范和制度规范层面，以法治的力量为社会心理服务的规范化发展保驾护航。首先，要加强社会心理服务体系领域的法律法规建设，强化法治保障，把可用有效的机制、管用务实的做法以立法的形式固定下来，把禁止的行为、服务的边界明确清晰，为社会心理服务工作者提供更多的指导、支持和保护。其次，社会心理服务体系建设者要运用法治思维和法治方式推动开展各项工作，各类组织机构与相关从业人员都要依法守法参与社会心理服务，通过法治保障社会心理服务体系的规范化、标准化建设，在法治轨道上推进社会心理服务体系建设高质量发展。

⊃ 社会与文化支持

坚定文化自信，发挥文化浸润作用，善于汲取古籍蕴含的哲学思想、人文精神、价值理念、道德规范，推动中华优秀传统文化创造性转化、创新性发展，继承革命文化，发展社会主义先进文化，挖掘人民群众日用而不觉的共同价值观念，推进社会公德、职业道德、家庭美德、个人品德建设和良好社会风尚的传播，激励人们向上向善、孝老爱亲，引导人们自觉履行法定义务、社会责任、家庭责任，形成自尊自信、理性平和、积极向上的社会心态，满足人民对心理健康和美好生活的需要，提高人民群众的获得感、幸福感、安全感。积极弘扬社会主义核心价值观，提升公民意识和社会参与感，整合并优化社会秩序规范、行为准则、伦理标准、意识形态和公共信任体系，营造知荣辱、讲正气、作奉献、促和谐的良好社会风尚，实现社会文明程度的新提高和中华民族精神文明的新发展。

此外，在少数民族聚居区的社会心理服务要发挥文化的作用。一方面应当遵循少数民族文化传统和本地实际，充分考虑地方文化底蕴和发展脉络，嵌入地方社会文化系统，有针对性地制订工作计划。另一方面要植根民族文化特色，帮助人们建立和维护社交支持网络，建立健康的支持系统，帮助个体处理文化差异带来的压力和冲突，提升文化参与和满意度，增强个体的幸福感和应对能力，满足人民对心理健康和美好生活的需要。

⊃ 生态环境支持

把心理健康科普、情绪压力疏导、心理团辅活动等融于户外空间，让百姓在游玩、散步、观景、康养的过程中放松身心、舒缓压力、自然疗愈。发挥植物带给人的生命力和感染力作用，通过自然景观、园林景观、森林康养、农业种植和园艺活动等，降低自然缺失症，增强对现实的理解力和掌控感，获得关于生命、生长、生活的体悟。发挥优美自然环境对人的滋养作用，通过视觉、听觉、嗅觉、味觉、触觉的反馈，生成绿色疗愈力，达到减轻压力、改善健康、舒缓疲劳、调试情绪、愉悦身心、改善认知、促进社交的效果。构建人与自然生命共同体，在自然生态中调整心态，修心养性，涵养道德，以理性平和的心态融入生活、工作、事业之中，实现获得感、满足感和幸福感。提倡践行文明、健康、绿色、环保的生活方式，坚持天人合一、万物并育的生态理念，尊重自然、顺应自然、保护自然，推动绿色可持续发展，促进人与自然和谐共生。

综上，从个体层面到群体层面、社会层面，直至生态环境层面，各层之间互相联系、互相促进、缺一不可，只有相互结合、协调发展才能真正构建起由内而外、由表及里，全流程、全链条、全方位的全周期社会心理服务和社会支持体系，构建属于每个人的来自方方面面的支持系统。上述同心圆模型的八层为防范化解个人危机与社会风险铸造起了八大防护层，也是对中国文化中"一方有难，八方支援"的新时代阐释。作为社会心理服务工作者，我们要由内向外逐层提供支持，画出"最大同心圆"。

第四章

社会心理服务体系建设的价值与意义

4

唯有"心安"，才能国泰民安。党的十八大以来，党中央高瞻远瞩，高度重视社会心理服务体系建设，不断创新推进、丰富发展，我国社会心理服务体系建设发生了深刻变化。在以中国式现代化全面推进中华民族伟大复兴的新时代新征程中，在全国普遍推广社会心理服务体系，对于完善社会治理体系、提升社会治理效能，实现第二个百年奋斗目标的宏伟蓝图具有重要意义。

第一节　习近平新时代中国特色社会主义思想在心理建设领域的具体展开

随着改革开放持续不断深入，我国经济社会迅速发展给如何推进心理建设提出了新的时代课题，急需根据新时代社会需要和实践要求，推进本土化的心理建设。习近平总书记在全国卫生与健康大会上提出，要加大心理健康问题基础性研究，做好心理健康知识和心理疾病科普工作，规范发展心理治疗、心理咨询等心理健康服务；在中央政法工作会议上指出，要健全社会心理服务体系和疏导机制、危机干预机制，塑造自尊自信、理性平和、亲善友爱的社会心态。在新冠疫情防控期间，党中央不仅多次强调"要加强心理疏导和心理干预，尤其是要加强对患者及其家属、病亡者家属等的心理疏导工作。群众在家待得久了，社区工作者、基层干部、下沉干部等长期疲劳作战，也会产生这样那样的心理问题，要通过各种方式加大心理疏导工作力度"，也强调"要加强社会治理，妥善处理疫情防控中可能出现的各类问题，各项工作要周密细致，把生活保障、医疗救治、心理干预等工作做到位，维护社会大局稳定"。可见，在治国理政中要高度重视"从心之治"，既关注个体心理健康，也注重对群体心理、社会心态的积极引导，并强调发挥其维护社会安定和谐、国家发展进步的作用。

因此，在党中央决策部署层面，从党的十八届三中全会、五中全会，到党的十九大、十九届四中全会、十九届五中全会，再到党的二十大，社会心理服务体系建设的思路愈加清晰，从仅聚焦个体层面的传统心理健康服务，到推动关注全人群、全社会的社会心理服务融入百姓生产生活实践与社会治理的全环节、各领域、全过程。应该说，社会心理服务体系建设是党的十八大以来党中央运用心理建设推进国家治理体系和治理能力现代化的重要战略部署，是习近平新时代中国特色社会主义思想在心理建设领域的具体展开，体现了我国心理建设走向全方位、全覆盖的发展方向。

可见，建立健全社会心理服务体系是全面建成社会主义现代化强国、实现第二个百年奋斗目标，以中国式现代化全面推进中华民族伟大复兴的应有之义。社会心理服务体系立意深远，不仅是卫健委、政法委及社会心理服务从业者的事情，也是全社会的事情，故要形成建设社会心理服务体系的合力，有群体、组织的地方都要有社会心理服务，要将其嵌入各系统、行业的工作开展和人员管理中。

第二节　全面建设社会主义现代化国家的重要组成

⊃ 推进"五位一体"总体布局的现实要求

党的二十大报告指出，中国共产党的中心任务就是团结带领全国各族人民全面建成社会主义现代化强国、实现第二个百年奋斗目标，以中国式现代化全面推进中华民族伟大复兴。社会心理服务体系的提出恰逢其时，为新时代新征程中全面建设社会主义现代化国家提供"心"思路。

政治建设

在政治建设方面。第一，社会心理服务体系主动挖掘社会需求，提供广覆盖、多层次的社会支持，多措并举、多方联动化解社会矛盾纠纷，着力解决人民群众反映强烈的心理健康问题及其他社会问题，这是促进社会公平、增进民生福祉，不断实现人民对美好生活向往的重要方式。第二，社会心理服务体系应当通过搭建平台不断融汇社会力量，凝聚民众智慧，使人人都成为社会心理服务体系建设的参与者、工作者、服务者和受益者，切实践行了以人民为中心的发展原则。第三，社会心理服务体系可融入政府各部门自身及相互协作的运作中，这有利于提升整体运作及联动效率，助力扁平化、高效率政府组织体系的形成。可以说，社会心理服务体系建设是新时代中国共产党践行全心全意为人民服务宗旨的有效路径，也是不断增强党的自我净化、自我完善、自我革新、自我提高能力的重要途径。

文化建设

在文化建设方面。第一，通过实现社会心理服务全方位有效嵌入、服务覆盖全人群，可预防和解决个体、群体、社会层面的各类心理心态问题，弥补因精神文明长周期建设而难以及时关注心态浮躁、焦虑等不足，形成自尊自信、理性平和、积极向上、亲善友爱的社会心态，助力社会主义精神文明和物质文明协调发展，丰富人民精神文化生活。第二，社会心理服务体系是中国特色社会治理的生动实践，形成于以马克思主义为指导、结合中国国情、植根中国大地、汲取优秀传统文化养分，不断探索、与时俱进的征程中。无论是探究中国本土化的个体和社会心理干预方法，还是在试点工作中探索的符合中国国情的社会心理服务工作模式和运行机制，都是在实践中、改革中建设和创造的社会主义先进文化。第三，社会心理服务体系是在当代传承运用中华民族优秀传统文化的智慧之举。社会心理服务体系建设强调汲取中华传统文化的思想精华和道德精髓，深入挖掘和阐发中华优秀传统文化讲仁爱、重民本、守诚信、崇正义、尚和合、求大同的时代价值[1]，将中华民族优秀传统文化与社会心理服务的工作方法相结合，有助于提高宣传教育、共情同情、心理感化、纠正认知、矛盾化解的效率和质量。

社会建设

在社会建设方面。第一，传统社会治理模式无法满足人民日益强烈的参与社会治理的意愿，社会心理服务体系是柔性社会治理方式，通过人文关怀、心理疏导等服务方式，促进个体、群体、政府、社会间的沟通，更好地满足人民群众多层次、差异化、个性化的需求 [2]，实现政府治理同社会调节、居民自治良性互动，切实做到了社会治理人人有责、人人尽责、人人享有，助力共建共治共享的社会治理制度建立与完善。第二，社会心理服务体系有效贯彻了社会治理中的群众路线，通过及时梳理、反馈社情民意和民众需求，及时提供多元化社会支持，晓之以理、动之以情，使人民群众由衷地感到权益受到公平对待、利益得到有效维护、尊严情感得到更多尊重，让社会治理工作更有温度、更具温情、更感温暖，以更好应对社会治理当前面临的困境。第三，社会心理服务体系通过心理疏导、压力疏解、关系调适等多元化服务，有助于实现源头治理，是社会现实问题的安全阀、政府与社会的连接器。它通过认识心理和行为规律、畅通民众诉求表达渠道，从根源上挖掘并研判产生社会问题的病灶，消解政府与社会的沟通壁垒，再通过社会联动共治来矫正解决，切实推进了事前、事中、事后的社会风险防范化解链条。

➲ 提升国家治理效能的"心"路径

与完善共建共治共享的社会治理制度相融合

社会心理服务体系是"从心"的柔性社会治理。有效的社会治理需要社会个体、群体遵循社会规则有序地进行行为表达。传统社会治理更强调制度、法律等控制要素，而现代化的社会治理更强调内化于人民心中柔性力量的"内在规训"。社会心理服务体系可通过促进国民心理健康和提升国民心理素质，满足民众内生性精神文化需求，进而指导和完善个体、群体、社会的行为模式，并最终助力共建共治共享的社会治理实践。

社会心理服务体系建设注重综合治理、系统治理、源头治理和依法治理。

在综合治理方面，社会心理服务体系探索"国家－社会－市场"多元主体治理模式，即由卫生健康部门单一供给向全社会协同供给转变，提高满足人民群众多层次、差异化、个性化的需求方面的能力，实现政府治理同社会调节、居民自治的良性互动。

在系统治理方面，它不同于心理健康服务体系侧重于出现心理问题和精神疾病后的保守心理疏导和倒逼式心理治疗，而是全方位、系统地进行预防和干预。在时间维度上，注重社会心态监测和预警、社会心态控制与减损、社会心态整合与优化的全流程管理；在空间维度上，注重由微观到宏观的个体－群际－社会的心理关怀模式。通过系统治理，力争尽早发现可能带来重大社会风险的隐患并将其处置于萌芽状态。

在源头治理方面，社会心理服务体系有望成为社会现实问题的安全阀、政府与社会的连接器，它通过认识心理和行为规律，从根源上挖掘并研判产生社会问题的病灶，再通过社会联动共治来矫正解决。通过源头治理，确保把大矛盾、大风险化解在市域，把小矛盾、小问题解决在基层。

在依法治理方面，社会心理服务体系强调基于法治思维、运用法治化手段推动开展各项工作，各类组织机构与相关从业人员都要依法守法参与社会心理服务。同时在国家宏观政策、发展性文件和学理研究的基础上，完善社会心理服务法律法规体系，通过法治保障社会心理服务的规范化、标准化建设。

与强化组织队伍建设、改进执政能力相融合

切实关注干部队伍的心理健康和内在需求能直接促成干部个体幸福感和对组织的强烈认同感，增强治理主体的软实力，实现行政效率和治理能力进一步提升。为此，要加强领导干部遴选与培养中的心理素质与能力评估，通过科学有效的心理工作方法帮助领导干部充分了解自我并展现自己的潜能。健全公务员系统心理健康管理体系，通过关爱、关怀与激励，加强积极心态建设，促进心理素质提高、心理工作方法能力提升，全方位提升工作效率、自我效能和自我价值。通过对党员干部进行心理学相关技能的培训，可进一步提升其党性、责任心、改革意识及服务意识，有助于建设高素质党务干部队伍，提升党建工作水平。通过科学的方式方法将心理学相关知识与技能精准运用、融入政府各部门自身及相互协作的运作中，确立科学有效的运作机制，用心关爱、主动服务、人人幸福，可降低沟通成本，提升政府机关单位的整体运作及联动效率。

另外，各级政府部门的业务工作是面向社会、面向人民群众的。社会心理服务本质是全方位、多层次、多元化的全心全意为人民服务。在执政过程中，要善于将社会心理服务相关知识与技能运用到群众工作中去，形成更具人文关怀的执政方式，使公务员切身体会到人民群众的真实感受，切实解决人民群众的真实困难与需求，维护好人民群众的根本利益，增强人民群众的获得感、幸福感、安全感。

从整个国家治理来看，如果参与者、建设者和实践者缺乏足够好的心理素质，那么国家推进治理体系和治理能力现代化的各种制度与规则优势将难以充分发挥。从这个角度来说，心理建设是经济建设、政治建设、文化建设、社会建设和生态文明建设五大建设的共同基础。所以说，健康中国、平安中国、幸福中国，关键在"心"，心理建设是国家建设的重要基石。

● 增进民生福祉、提高社会文明程度的"心"方式

促进社会主义核心价值观深入人心

社会主义核心价值观凝练了当下中国的时代精神与价值观念，其中蕴含的国家建设目标、勾勒的美好生活表述及公民基本道德规范建构了明确的价值体系，是社会心理服务体系必须遵循的重要内容，也是其体系建设的重要方向。社会心理服务体系强调"从心"的内在规训，发挥内化于人们心中的个体和谐、群体信任、文化认同、价值共识的柔性力量，有助于把社会主义核心价值观融入社会发展各方面，转化为人们的情感认同和行为习惯。因此，各地在培育和践行社会主义核心价值观时，要善于运用人文关怀、心理疏导等社会心理服务方式，搭建培育融入的渠道和路径，以心顺解心结，以真诚促进深入人心，有效推动社会主义核心价值观内化于心、外化于行。

提高人民思想道德素质

人民有信仰，国家有力量，民族有希望。历史和现实反复表明，一个社会是否文明进步、安定和谐，很大程度上取决于公民的思想道德素质。社会治理现代化离不开加强公民道德建设、塑造健康向上的社会心态。这提示我们要加快建立健全社会心理服务体系，以切实有效的措施着力促进公民道德素质的提升。要注重人文关怀与心理疏导，深化群众性精神文明创建活动，推进社会公德、职业道德、家庭美德、个人品德建设，激励人们向上向善、孝老爱亲，引导人们自觉履行法定义务、社会责任、家庭责任，培育知荣辱、讲正气、作奉献、促和谐的良好风尚，形成自尊自信、理性平和、积极向上的社会心态[3]。健全志愿服务体系，广泛开展志愿服务关爱行动，使我为人人、人人为我在全社会蔚然成风。

提高身心健康素质

"十四五"规划建议在"十四五"时期经济社会发展主要目标中指出"社会文明程度得到新提高。社会主义核心价值观深入人心，人民思想道德素质、科学文化素质和身心健康素质明显提高"。身心健康素质提高成为社会文明程度提高的重要内容。[4] 鉴于此，各地要高度重视公民身心健康素质提升，充分发挥我国优秀传统文化对促进心理健康的积极作用，引导牢固树立"身心同健康""每个人都是自己心理健康第一责任人"的理念，培养心理品质，增强心理韧性，培养乐观心态，从而切实提高人民群众身心健康素质，推动形成适应新时代要求的思想观念、精神面貌、文明风尚、行为规范，不断提升人民思想觉悟、道德标准、文明素养和全社会文明程度。

重视儿童与青少年心理健康教育

儿童与青少年的心理健康对其成长成才和核心价值观的养成至关重要，关系到校园文化、学风建设与身心安全，是检验德育工作成效的"试金石"。"十四五"规划建议提出"重视青少年身体素质和心理健康教育"。为此，教育工作者要善于将社会心理服务融入"全面贯彻党的教育方针，坚持立德树人"的德育工作中，将适合学生特点的心理健康教育内容融入日常教育教学活动中[5]，不断完善心理健康教育和心理服务网络，实现对学前教育、特殊教育、中小学教育、高等院校教育的全面覆盖，帮助学生处理学习和生活中的压力，提升应对问题的能力，培育学生积极乐观、健康向上以及自尊、自信、自强、自立的心理品质，促进学生身心可持续发展，增强学生文明素养、社会责任意识，切实培养德智体美劳全面发展的社会主义建设者和接班人。

第三节　以中国式现代化全面推进中华民族伟大复兴的重要推动力

⊃ 更系统的思维方式

"十四五"规划建议在"'十四五'时期经济社会发展必须遵循的原则"中指出，"坚持系统观念。加强前瞻性思考、全局性谋划、战略性布局、整体性推进，统筹国内国际两个大局，办好发展安全两件大事，坚持全国一盘棋，更好发挥中央、地方和各方面积极性，着力固根基、扬优势、补短板、强弱项，注重防范化解重大风险挑战，实现发展质量、结构、规模、速度、效益、安全相统一。""坚持新发展理念。把新发展理念贯穿发展全过程和各领域，构建新发展格局，切实转变发展方式，推动质量变革、效率变革、动力变革，实现更高质量、更有效率、更加公平、更可持续、更为安全的发展。"

系统观念与新发展理念是基于解决我国发展中面临的实际问题而提出的，是推进中国式现代化的重要理论工具。社会心理服务体系建设聚焦百姓日益增长的对心理健康与幸福感的需要，贯彻系统观念和新发展理念，不断协同推进、创新发展。一是以高站位加强统筹协调，形成党委领导、政府负责、部门联动、社会参与、专业支持、群众受益的长效工作机制，打造家庭、社区、各部门单位、组织机构联动的社会心理服务支持链，整合各类学会、协会和相关组织，充分发挥社会力量，构建每个人都可以参与并共享的社会心理服务共同体。二是强调系统观。体系建设遵循从个体心理到群体心理，再到整个社会心态的全方位覆盖逻辑。在关注个体心理的同时，培育自尊自信、理性平和、亲善友爱的社会心态。同时注意三者之间的相互影响，如个体是承载着社会关系进行社会实践的主体，个体心理问题产生后会对

\\\ 社会心理服务体系建设 政策解读篇

他人与社会产生影响。家庭是个体成长的第一环境,加强家庭、家教、家风建设,给予充分的家庭关爱与支持能够减少心理疾患的发生。三是贯彻创新发展,注重体系建设的科学性。更多运用现代智慧技术,创新服务内容与形式,做到精细化服务,探索多方协调联动的合作模式,充分挖掘和利用现有资源,搭建全方位、全周期的支持系统,增进人民的幸福感和社会发展的持续性。此外,体系建设过程中以心理学、社会工作等学科知识与方法作为理论基础,确保有科学、充实的理论支撑。四是贯彻开放、共享发展,体系建设坚持与中国具体国情、中华传统文化相结合,注重探索实践、坚持群众路线,在执行推进之前加强系统调查研究。最后,坚持平衡发展和安全,体系建设贯彻总体国家安全观,增强忧患意识,坚持底线思维,善用社会心理服务体系防范和化解我国现代化进程中面临的各种风险。

⊃ 更科学的管理方式

社会心理服务应深入融入党政管理、社会治理、组织管理及个人管理,与思想政治工作、组织队伍建设、执政能力提升等领域紧密结合,进而增强组织的活力和效能,释放个体潜能,提高个体的幸福感。这将有助于确保个人、组织及其他相关资源之间的流畅互动,并培育更科学、更人性化的管理方式。

党政管理

中共中央、国务院印发《关于新时代加强和改进思想政治工作的意见》,提出要"切实加强人文关怀和心理疏导,健全党员领导干部联系基层、党员联系群众的工作制度,健全社会心理服务体系和疏导机制、危机干预机制,建立社会思想动态调查与分析研判机制,培育自尊自信、理性平和、积极向上的社会心态"。为满足党建工作的需求,我们应推动社会心理服务与思想政治工作的深度融合,及时关注职工的思想动态,倾听其心声,理解其需求,并指导他们形成科学的思维方式。此外,各级机关和企事业单位的员工是国家各项政策实施的关键推手，他们处于建设中国特色社会主义的前线，负责解决各种问题，工作环境所带来的高压态势可能引发他们的心理问题。因此，要切实关注系统内工作人员的心理健康，增强对他们的关心和人文关怀，努力提高他们的心理素质，并促进他们的全面发展。

社会治理

首先，社会心理服务作为一种"软治理"和"柔性治理"的工具，应被融入社会治理体系和提高治理能力的现代化进程中。例如，在处理群体性社会风险时，群体的心态变化、扭曲或病态化都不是突然出现的，它们会经历一个从潜伏到爆发再到延展和转变的过程。为此，需要采用全局思维、综合控制和流程引导，深入理解风险发展的各个阶段，逐步并持续地采取措施。这要求我们在群体心态的监测、预警、控制、减损及整合与优化方面，实施事前、事中和事后的服务，以有效地化解社会风险。

其次，社会心理服务能够更好地发挥社会治理的预防作用。通过机关、企事业单位、家庭教育、医疗卫生、基层社区和农村等多个领域建立的社会心理服务体系，可以给予个体生命全周期的多元化支持。这不仅有助于预防和解决心理健康问题，还可以提高个人生活品质，培养积极的心态，并有效发挥心理服务"赋能""激活"的作用，从而优化组织效能、激发社会活力、提升运行效率。

组织管理

在组织内部，管理者不仅要指导下属、组建并带领团队，还需进行自我管理与提升。这涉及从员工、团队到自身的全方位管理。社会心理服务可以为企业管理人员提供支持、增强管理能力，并进一步激发企业的活力与创造力。通过融合心理学与管理学等学科的知识，管理者可以更好地了解和管理自己的心理状态，避免过度的"自我主义"思维，更客观地看待自身。同时，他们可以综合考虑员工的特性、工作环境及与下属之间的关系，选择并运用合适的领导性格、作风、行为等，提升领导与管理艺术，从而提高员工忠诚度，优化领导工作效能。此外，社会心理服务有助于强化管理者与员工间的信任纽带，使管理者更好地了解员工的心理需求，善于倾听、鼓励员工，全面关心他们的生活需求。运用如马斯洛需求层次理论、公平理论、期望理论等激励策略，可以增强员工的自信和对组织的归属感，进而激发员工的积极性，提高组织的生产效益和营收。再者，通过社会心理服务，管理者可以设定清晰且富有挑战性的团队目标，明确组织文化和规范，促进团队中的健康竞争与协作，有效减少团队中的群体偏见，增强团队的凝聚力和士气。

个体自我管理

社会心理服务体系的建设既重视个体的自我帮助，也强调互助。个体不应仅仅是被动地接受服务，而应积极地展现其主观能动性，以适应和创新服务方式。通过学习心理自助技术、心理学理论和方法，主动应对心理困扰，并在理论指导下不断实践，探索一套适合自己的心理自助模式。在此基础上，结合自己的经验和学识，还可以帮助他人保持心理健康。社会心理服务体系通过全心全意服务人民，弥合人与人之间的距离，弘扬人间关爱，加强人际支持。这不仅是一种用心的服务，还是一条助人为乐、互相支持、共同追求幸福的道路。

⊃ 更优化的工作模式

党的二十大报告提出，未来五年是全面建设社会主义现代化国家开局起步的关键时期，主要目标任务之一便是"经济高质量发展取得新突破"。经济社会高质量发展关键看企业发展，企业发展关键看员工幸福。随着社会不断进步，现代企业已经认识到人力资源是实现发展的核心资源，只有优化工作模式，提升员工幸福感，才能助推企业和经济的高质量发展。

全方位关心关爱员工，提供组织支持

建立健全员工薪资保障与绩效激励制度，从思想、工作、生活等各方面关心关爱员工，坚持以事业留人、感情留人、福利待遇留人，并将服务触角延伸至员工家庭，实现家企共建、家企互助。同时，组织开展形式多样、寓教于乐的文体活动，构建宽松温馨、活跃舒畅的良好工作环境。由此，组织在物质和精神层面为员工提供足够的支持和帮助，使员工在工作之余能释放压力，增强对单位的归属感、认同感和信任感。

多样化开展科普宣传教育，增强健康意识

结合相关主题活动，以广大员工喜闻乐见的形式，将心理健康知识融入工作生活中，引导员工培育积极乐观的心态。创新宣传方式，广泛应用网站、微信等平台，传播心理健康知识，倡导健康生活方式，提升心理健康素养。通过心理科普讲座等途径，引导员工正确看待和科学认识心理健康问题，帮助克服"病耻感"，提升心理健康意识。员工也可掌握情绪管理、压力管理等自我心理调适方法，以及识别抑郁、焦虑等常见心理行为问题的方法，从而增强心理健康意识，并提升对心理服务的认可度和接受度。

多维度融入心理服务，提高心理能力

一是开展培训时进行心理健康教育，并将其作为员工教育培训的重要内容，根据不同行业员工的群体特点有针对性地开设心理健康课程，以帮助员工从容应对来自亲子教育、婚姻生活及职业发展等方面的压力。二是完善心理疏导、援助与危机干预机制。日常关爱员工时密切关注员工的思想动态、情绪反应、个人诉求，为需要帮助的员工提供及时有效的心理咨询服务，帮助其调整心态、排解困惑、疏通心结。高度重视心理危机干预，同专业机构和人员一起制定心理危机干预方案，察觉员工的受挫问题和所罹患的精神疾病，及时进行心理疏导和干预，必要时联系专业

医疗机构治疗。对员工因心理危机引发的突发事件，要及时公布事件信息，正确引导社会舆论，积极消除负面影响，对当事人的亲属、同事等相关人群做好心理援助和危机创伤干预。

➲ 更幸福的生活方式

社会心理服务体系是一个全方位、多层次、多样化的社会支持系统。该体系积极预防和解决个体、群体与社会层面的各类问题，旨在塑造人们更加幸福美满的生活体验，提升人民幸福感，促进精神共同富裕。社会心理服务产业与教育、卫生保健、社会福利、环境保护等行业和组织相似，都是为满足社会公共需求和福祉而努力。其发展将对社会的经济、文化、教育、公共健康产生深远的影响，促进民生福祉和提高人民生活品质。社会心理服务助力幸福生活的方式有多种，本书在前文已系统阐述，下述内容为其中一部分。

提供心理健康教育和宣传

通过心理健康教育和宣传活动，普及心理健康的知识和技能，使人们认识到并采纳积极的心理健康实践，从而促进更为幸福的生活方式。进一步强化社会心理服务体系的科普宣传，为公民心理健康意识的培养指明方向，使人们牢固树立"每个人是自己心理健康第一责任人"的观念认知。

心理咨询和治疗服务

完善心理咨询和治疗服务体系，为个人提供多种模式的专业心理支持，如个体咨询、团体辅导和自助干预。有效地解决如心理干预、法律援助、矛盾调解和医疗转介等问题，助人应对压力及焦虑、抑郁等情绪，进而提高他们的幸福感和生活品质。

社区支持和康复服务

联动多部门、链接资源打造社区心理服务平台，整合党群活动、社区治理、志愿服务等，嵌入心理宣传教育、心理疏导、心理咨询等功能，通过线上线下结合的方式提供心理服务。社区针对精神障碍康复患者等少数群体，提供人际支持和相应资源，助力他们面对社会适应性问题、残疾和心理问题。得益于社区的支持和康复服务，这些群体不仅可以得到他人的理解、支持和建议，还能更好地融入家庭和社会，从而提升社区居民的幸福感和满意度。

心理干预和预防措施

建立系统的心理疏导和危机干预策略，提供有效的心理干预和预防方法，其中包括心理咨询、技能培训和干预计划。这些建议和措施旨在帮助人们面对危机，预防心理问题的发生，为他们提供必要的支持和指导，从而鼓励人们采取积极的生活方式，更好地应对各种挑战和压力。

⊃ 更全面的支持系统

对于个体来说，建立社会心理服务全周期网络和全面有效的个人支持是至关重要的。按照社会心理服务的"同心圆"模型，这一服务体系覆盖了从自我、家庭（作为核心支持层面），到亲友、社区组织及社会领导（作为中观支持层面），再扩展到政府、法治和社会文化环境（作为宏观支持层面）。

自我支持

首先，提升个人素质并积极参与社区活动。通过心理健康知识的普及，增强社区居民的心理健康意识，从而从源头上预防心理问题的产生。其次，建立自助和互助机制，例如，组织邻里互助小组或志愿者团队，定期进行社交活动。此外，鼓励居民参与社区事务，营造一个相互关心和支持的社区氛围。最后，了解并利用社区内的心理健康服务资源，以增强对心理问题的自我管理和应对能力。

家庭支持

首先，活跃家庭氛围，关注家人的心理状态，并倡导良好的家庭习惯和家风，以减轻压力和紧张情绪。其次，促进家庭内的沟通，通过共同的爱好和兴趣增进家庭成员之间的亲密度和凝聚力。最后，培养积极向上的家庭价值观。当家庭成员遇到困难和挫折时，应提供情感支持，以及安慰和理解，以帮助他们建立积极、自信的心态和乐观的生活观。

亲朋邻里互助

首先，建立亲密的人际关系。鼓励参与心理健康活动，以增进相互了解和信任。在相互尊重和关心的基础上，为他人提供物质和情感支持，构建起邻里间的互助多元网络。其次，促进社交互动。组织各类聚会和庆祝活动，加强社区居民之间的交往。同时，亲朋邻里之间可畅通协商沟通渠道，解决同一生活环境中的共性问题。当社区成员遇到困难时，可以向他们提供有关社区资源和服务的信息。

社区联动支持

首先，将社会心理服务整合到社区的文化和日常活动中。例如，社区中心可以举办文化活动，让居民放松、缓解压力、增强幸福感，并融入团体心理活动，以提高服务的效益。其次，促进"家校社"协调，打造心理服务联动机制，探索家庭、学校、社会"三位一体"的共治模式，多方发力为社区居民孩子心理健康提供强有力的保障。最后，打造"五社一心"模式。以社会心理服务专业力量为核心，联动"社区、社区（社会）组织、社会工作者（社区网格员）、社会（社区）慈善资源、社区志愿者"，发挥"五社联动"基层社区治理模式优势，夯实社会心理服务在社区开展工作的组织基础。

机构组织支持

首先，提供多元化的服务来满足不同需求。为广大居民提供心理咨询、健康指导和教育宣传，而对特定群体提供心理危机干预和团体辅导。对于长期服药的抑郁障碍或焦虑障碍患者，确保他们与专业精神卫生机构对接，保证患者的用药和继续治疗。其次，激发社区组织的活力。鼓励社区组织联合举办各种活动，创新活动方式，形成特色品牌，促进居民间的自助与互助，构建支持网络。同时，链接各方资源，以提升社区心理服务的效率和质量。

社区环境与文化支持

首先，宣传弘扬尊老爱幼、男女平等、夫妻和睦等中华民族传统美德，营造有益于家庭心理健康的社会环境。其次，提倡心理健康观念，向社区居民普及心理健康知识，创建积极向上的社区环境，鼓励人们积极参与社交活动、体育运动和艺术表达等有益于心理健康的活动。最后，倡导社会正能量，广泛宣传主流文化中正面的价值观，鼓励社区居民积极参与志愿活动或社会公益活动。

第五章

以二十大精神为指引全面加强社会心理服务体系建设

5

社会心理服务体系建设是中国特色社会治理的生动实践，各级党政干部作为组织者、领导者，必须提高政治站位，贯彻落实党的二十大精神，总结本地并借鉴其他地区社会心理服务体系建设经验，探索有效联动多部门、构建覆盖各系统各领域的落地推进机制，提炼科学有效的方式方法与可复制、可推广的工作模式。在实际开展社会心理服务工作的过程中将科学的理论、理念和技术方法贯穿应用于体系建设及服务实践的全过程，坚持以人民为中心，健全科学工作机制，抓好重点工作落实，切实提高群众心理健康水平和国家社会治理能力，以高质量发展扎实推进中国式现代化进程。

第一节　以六个"必须坚持"为统领

党的二十大报告指出，"继续推进实践基础上的理论创新，首先要把握好习近平新时代中国特色社会主义思想的世界观和方法论，坚持好、运用好贯穿其中的立场观点方法。"二十大报告从六个方面对此做出概括和阐述，强调必须坚持人民至上、坚持自信自立、坚持守正创新、坚持问题导向、坚持系统观念、坚持胸怀天下。全面推进社会心理服务体系建设高质量发展，必须准确把握"六个必须坚持"的内在逻辑并以此为统领。

● 必须坚持人民至上

社会心理服务体系建设要始终坚持以人民为中心，发展成果人民共享。首先，社会心理服务体系是中国特色社会治理的生动实践，是新鲜事物。马克思主义认识论告诉我们，正确的认识只能来源于实践。要学习掌握认识和实践辩证关系的原理，坚持实践第一的观点，不断推进实践基础上的理论创新。因此，各级党政干部应植根中国大地，以人民需求为导向，加强实地调查研究，科学制定符合当地经济社会人文发展现状、解决群众生产生活面临难题的决策，积极探索具有针对性、有效性、可操作性的社会心理服务体系建设模式，同时不断深化认识、总结经验，在实践中不断检验和改进完善。其次，群众工作是我们的看家本领，我们党靠群众工作起家，同样要靠群众工作实现长期执政。人承载社会关系，是进行社会实践、社会治理的主体，最终的组织行为要落脚到个体的融入和参与。因此，社会心理服务体系建设实践要注重搭建平台，不断融入社会力量，充分发动民众、组织民众、依靠民众，不断凝聚民众的力量和智慧，使发展成果更好惠及全体人民，切实体现人民利益、反映人民愿望、维护人民权益、增进人民福祉。

⊃ 必须坚持自信自立

一个国家选择什么样的国家制度和国家治理体系，是由这个国家的历史文化、社会性质、经济发展水平决定的。社会心理服务体系建设是基于我国的历史文化传统和当前国情实际在实践中提出并逐步形成发展的，在国际心理学界或学术界并无直接相对应的术语或研究领域。[1]

社会心理服务体系建设从酝酿、提出到试点、推广并非偶然。第一，坚持以人民为中心的发展思想是我们的制度优势。社会心理服务体系建设产生于人民对心理健康、幸福感的需要日益增长的现实背景下，既符合我国社会主要矛盾变化的时代需要，也适合我国社会转型的现实需要，其提出具有历史发展的必然性。第二，社会心理服务体系建设植根于中华优秀传统文化土壤。要坚定中国特色社会主义道路自信、理论自信、制度自信，说到底是要坚定文化自信。文化自信是更基本、更深沉、更持久的力量。我国集体主义的文化传统让国家不仅仅考虑个体心理健康，也十分重视群体心理和社会心态健康，并将三者视作一个整体，在其间建立有机联系、实现协同耦合。此外，我国传统历史政治哲学中推崇的"和"文化及"德治""礼治""大同"等治理思想，以及以健康养生方式传承的中医药文化、民间传承的维护心理健康朴素知识等均滋养了社会心理服务体系的建设发展。第三，社会心理服务体系建设是以解决问题为导向、在实践中探索形成的，从心理干预开始作为社会治理的一种方法到体系建设，从倡导阶段迈进试点阶段，始终坚持加强调查研究、实现科学决策。社会心理服务体系建设的产生发展是马克思主义实践观在当代中国的生动展现。总而言之，社会心理服务体系建设是极具中国特色的社会治理实践，充分体现了中国特色社会主义制度的优越性。各级党组织和政府部门要深刻领会落实党中央的决策部署要求，在实践中敢想敢拼、勇于创新，积极推动社会心理服务体系建设在新时代焕发出强大的生机与活力。

● 必须坚持守正创新

守正与创新相辅相成，体现了"变"与"不变"、继承与发展、原则性与创造性的辩证统一，是贯彻党的思想路线的内在要求。以守正创新为指引，各地区必须以具有根本性、全局性、长远性的眼光理解把握社会心理服务体系的理论与实践特征，从而更能紧跟时代步伐，顺应社会发展。

政策性

社会心理服务体系建设是党的十八大以来党中央运用心理建设推进国家治理体系和治理能力现代化的重要战略部署，是习近平新时代中国特色社会主义思想在心理建设领域的具体展开。

文化性

社会心理服务体系建设是以马克思主义为指导，坚守中华优秀文化立场，立足当代中国实际，契合中国现阶段发展需要而形成的中国特色社会主义先进文化，有助于推动社会主义精神文明和物质文明协调发展，提高社会文明和谐程度。

科学性

社会心理服务体系建设以心理学、社会工作及社会治理等领域的专业知识、理论和方法作为基础，服务实践有科学的理论指引。同时，体系推行之前强调试点先行、调查研究，保证了推行过程的科学性。

整合性

加强社会心理服务体系建设的关键在于要以新理念、新观念对原有资源要素进行重新排列、提质增效及有效整合，联动更多部门，凝聚社会智慧，打破思维惯性，突破自身瓶颈，创造新的价值。

操作性

以积极主动预防和解决个体、群体与社会层面的各类问题为导向，实事求是、循序渐进、真功实做，在实践中不断探索和完善可落地可操作的工作模式。

系统性

打造个体–群体–社会的全覆盖社会心理服务支持链，实现各类服务场域/地点、服务人群（不同心理健康状况群体）、服务层次、服务模式的系统有效覆盖。

主动性

社会心理服务体系建设以提升人民心理健康水平与幸福感，培育良好社会心态，实现社会安定、和谐、文明、进步为目标，主动提供面向个体、群体和社会的全方位、多层次、多元化社会支持。

服务性

社会心理服务体系建设以人民为中心，通过提供全方位社会支持，及时了解民众所盼、所急、所忧，联动多部门为民众提供看得见、摸得着的高质量服务。

全民性

人人都是社会心理服务体系建设的参与者、工作者、服务者和受益者，人人为我、我为人人，凝聚更多民众的力量，形成建设社会心理服务体系的合力。

持久性

社会心理服务体系建设植根于中国文化与国情，立意深远、着眼未来，从酝酿、提出到试点与总结推广，久久为功，必将为人民心安和国家长治久安做出贡献。

⊃ 必须坚持问题导向

问题是时代的声音，回答并指导解决问题是理论的根本任务。每个时代总有属于自己的问题，只要科学地认识、准确地把握、正确地解决这些问题，就能够把我们的社会不断推向前进。社会心理服务体系建设重在解决实际问题，务必要强调问题导向，切实根据百姓实际需求，提供"心"思路和"心"方法。

创新是发展的第一动力，也是建设中国特色社会心理服务模式的重要推动力。确保创新发展，科学的方式方法是首要因素。加强调查研究是科学决策，也是创新发展的前提和基础。因此，创新发展高质量的社会心理服务体系建设必须重视运用科学的方式方法，将调查研究贯穿体系建设全过程，强化事前论证、事中评估及事后监督，并根据调研结果提出解决方案。

首先，**要充分做好事前论证**，研究确定方案制定的科学性，建章立制的可行性，任务分解分工的合理性，坚持领导、专家、民众相结合的决策论证机制与制度，切实做到不调研不决策、先调研后决策。[2]其次，**要大力开展事中评估**，查看职责是否落实，开展是否有序，实施是否到位，措施是否有成效，民众是否理解支持。再次，**要确保事后监督**，加强考核问责，及时调整不够科学合理的决策，坚决纠正执行决策不到位不准确的现象，确保措施有力有效，反馈的问题得到纠正，实践经验得到推广。最后，**基于调查研究提出有针对性的解决方案**，系统性解决心理健康问题，需要构建全方位、全周期、多元化的社会心理服务体系，因此聚焦到各个细分领域、不同人群要针对问题的表现与深层原因提出有效的建设方案。要着眼于人民群众最关心、最直接、最现实的需求与问题，切实地反映、回应人民群众的需求，着力提供普惠性、预防性、精准性的社会心理服务，着重解决人民群众的揪心事、烦心事、操心事。不仅要解决心理问题，还要以此为链接、"晴雨表"与"窗口"，及时将相关信息反馈给有关部门，从而联动协调多方力量切实推动实际问题的解决。

⊃ 必须坚持系统观念

党的二十大报告提出："万事万物是相互联系、相互依存的。只有用普遍联系的、全面系统的、发展变化的观点观察事物，才能把握事物发展规律。"系统观念是辩证唯物主义的重要认识论和方法论，是具有基础性的思想和工作方法。在推进中国社会心理服务体系建设融入中国式现代化发展过程中，必须坚持系统观念。

加强前瞻性思考

把历史、现实和未来发展贯通起来审视，以把握趋势、辨明方向。要充分意识到社会心理服务体系建设萌芽于中国大地、具有深厚的中华文化根基，其产生和发展得益于厚实的中华优秀传统文化的滋养。既要清醒地意识到传统社会治理模式无法适应我国社会主要矛盾转化的现状，又要明确认识到社会心理服务体系建设作为新举措推动健康中国、平安中国和幸福中国建设的重要性，是适应社会转型的现实需要。要把握时代趋势，推动社会心理服务体系建设融入我国乘势而上开启全面建设社会主义现代化国家的新征程中，探索建设模式，创新运行机制，引领时代发展。

加强全局性谋划

用系统思维聚合力，体系建设中要注重补强心理健康服务体系，以此为基础建构社会心理服务体系，要全力培基固本、提质增效，实现体系建设质量、结构、规模、速度、效益、安全相统一。要注重传统心理健康服务体系与社会心理服务体系两者之间要素的协同耦合，充分发挥优势，补齐短板，避免出现"木桶效应"。要树立大社会观、大治理观，兼顾健康、平安和幸福，平衡发展和安全，将体系建设融入经济社会发展大格局，注重各项工作、各种要素间的关联融合、互动增益，增强政策配套和制度衔接，在统筹兼顾中实现协同发展，在扬长补短中提升体系发展效能。

加强战略性布局

用战略思维把控全局，深刻把握社会心理服务体系是从心理建设角度推动实现国家治理体系和治理能力现代化的重要举措，是适应社会转型的现实需要，也是促进社会和谐稳定的基础性工作，要在站位上与党中央保持高度一致，不断增强战略定力。用法治思维求善治，通过建立健全法律法规体系引导体系规范化建设，以法规形式确定社会心理服务管理制度、监管模式。[3]用底线思维谋主动，深刻意识到体系提出的紧迫性，克服本领恐慌，准确识变、科学应变、主动求变，善于在危机中育先机、于变局中开新局，不断应对社会主要矛盾的转化，不断满足人民日益增长的美好生活需要。

➲ 必须坚持胸怀天下

党的二十大报告指出："我们要拓展世界眼光，深刻洞察人类发展进步潮流，积极回应各国人民普遍关切，为解决人类面临的共同问题作出贡献。"党的二十大报告着眼伟大历史远景，为我们开展各项工作提供了理论指引与不竭的精神源泉，也让我们更加清晰了社会心理服务体系建设的历史定位和时代价值。

应该说，社会心理服务体系建设是新时代科学把握新发展阶段并加快构建新发展格局的重要战略举措。在微观层面，社会心理服务根据不同人群的不同情况，有针对性地加强帮扶求助、心理疏导、法律援助，助力实现个体层面的自我和谐，即个体的心理健康、修养良好及价值观端正；人际层面的关系和谐、交往平等、互尊互爱等。在中观层面，社会心理服务体系建设坚持分类施策、有的放矢，完善工作体系、工作网络，不断拉近人与人的距离，提供人与人的关爱，增强人与人的支持，用心服务，助人自助，系统适度。从宏观层面，社会心理服务体系建设致力于实现社会整体的和谐稳定，即群众拥有共同的价值观、幸福观、道德观和正向的群体意识，培育民众普遍的心理健康意识，塑造良好的社会心态，提升民众对共同生活的群体的认同感和荣誉感，使和谐心态内化于民众内心并真正融入其生活。此外，针对在一定群体中存在的拜金主义、享乐主义、个人主义及"丧"文化等不良社会心态，通过生命教育、心理辅导、积极赋能、媒体引导等方法，辅助相关政策的实施，及时疏导负面情绪，培育积极平和的社会心态。

在推进社会心理服务体系建设的过程中，要坚持胸怀天下，拓展世界眼光，深刻洞察人类发展进步潮流，吸收人类一切优秀文明成果，海纳百川、为我所用。同时不断在探索中推进、在推进中发展，为解决人类共同面临的心理健康问题推介中国模式、传播中国声音、贡献中国智慧，为全世界人民创造美好幸福生活提供有益借鉴！

第二节　建立党委领导、政府负责、部门联动、社会参与、专业支持、群众受益的科学长效工作机制

社会心理服务体系建设的目标在于打造健康中国、平安中国和幸福中国，其站位高远、立意深刻，必须健全党委领导、政府负责、部门联动、社会参与、专业支持、民众受益的科学长效工作机制，坚持预防为主、突出重点、问题导向、注重实效的原则，循序渐进推进体系建设。

⊃ 党委领导是核心

中国特色社会主义最本质的特征是中国共产党领导，社会心理服务体系建设同样要坚持党的全面领导。党委一把手主抓负责、高度重视，是社会心理服务体系建设全面落地的关键。要把党的全面领导贯穿到体系建立完善的全过程，健全党政部门领导统筹的组织体系，把社会心理服务体系建设纳入各地党委政府的中心工作与各地经济发展规划，列入党建考核、平安建设、综合考核等目标管理。组织建立由党政负责同志任组长的社会心理服务体系建设工作领导小组，下设办公室，健全有专业人员支持、有专门人员管理、有专职机构负责、有专项经费保障、有专用场地落实的服务保障体系。各级党政干部是社会心理服务体系建设的组织者、领导者和实践者，要切实加强统筹协调、政治领导、思想引领、群众组织、社会号召，集中力量办大事，把党的理论优势、政治优势、制度优势、密切联系群众优势转化为建设社会心理服务体系的强大效能。

⊃ 政府负责是关键

在党委统筹下，设立由党委一把手任组长的社会心理服务体系建设工作领导小

组。由党委负责社会心理服务体系建设工作的总体领导和协调统筹，由各政府部门制定规划、加强政策引导、指导设计工作方案，明确各单位主体责任与各部门在社会心理服务体系建设中的职责并进行分工调度。强化组织领导，严格落实各部门一把手负责制，各政府部门细化各自职责范围内的社会心理服务工作。建立健全相关法规政策并释放制度红利，进行宏观心理政策的统筹指导。要加强硬件设施建设，设置配套的场地与设施设备。整合公共服务资源，设立社会心理服务基本公共项目，创新社会心理服务供给方式，加快社会心理服务公共基础设施建设，激发社会广泛参与。

政府牵头部门要组织建立考核机制和联动机制，增强工作执行力。研究确保社会心理服务体系建设方案能够有效落实、切实执行的有效方式方法。研究明确各政府部门的具体职责与任务，避免在实际工作中出现交叉模糊、推诿扯皮的现象。研究明确以什么样的制度机制推进，以什么样的工作方式推行。研究明确具体的考核机制，如以党建考核、平安建设或督导检查等方式。把督导工作和媒体宣传相结合，引导科学、有效的社会心理服务体系建设取向，督促实现正确的社会心理服务模式。

⊃ 部门联动是保障

各有关部门间形成有效的联动机制是实现社会心理服务体系长效发展、切实解决实际问题的关键所在。要围绕目前社会突出的心理心态问题以及引发的社会问题，围绕重点关注的人群或场所，围绕政府关注的重点工作，成立制度化保障的联动工作机制。联动工作机制要坚持系统整体推进，增加落地性、可执行性，明确各个部门的职责与任务，明确在什么阶段做什么事情，需要和什么部门配合。要强化督导检查，明确机制如何落地、执行，如果不落地执行会承担什么责任。

党委政府要整合各部门资源力量，提高整体运作及联动效率，细化各部门职责，协调各个部门分工配合，推进体系建设，加强交流合作与信息共享，建立多部门共同参与、齐抓共管、密切配合、高效顺畅的工作机制。例如，政法委与卫生健康部门"双牵头"的同时明确各自分工，政法委负责统筹好平安建设领导小组中各部门的社会心理服务体系，关注重点人群与场所，化解社会风险；卫健部门负责为各部门开展社会心理服务提供专业指导和技术支持。

各部门的职责分工可参考《广东省关于加强社会心理服务体系建设的实施意见》，本书对具体内容进行了适当调整。

1. **政法委：** 加强调查研究，推动社会心理服务工作重点、难点问题的解决，做好社会心理服务疏导和危机干预，并将其纳入综治（平安建设）考评内容。

2. **卫生健康部门：** 会同有关部门研究社会心理服务相关法律及制度建设问题，制定行业发展相关政策和服务规范，指导行业组织开展工作。

3. **文旅和宣传部门：** 负责协调新闻媒体、各类文化组织开展心理健康宣传教育。

4. **发展改革部门：** 负责指导协调将心理健康服务、社会心理服务体系建设纳入国民经济和社会发展相关规划。

5. **教育部门：** 负责完善心理健康相关学科建设，加强专业人才培养，健全各级教育机构社会心理服务体系，组织各级各类学校开展学生心理健康服务工作。

6. **科技部门：** 加大对社会心理服务领域相关科学技术研究的支持力度，并加强科技成果转化。

7. **公安、司法行政部门：** 负责完善系统内社会心理服务体系建设，建立重大任务前后心理危机干预机制，组织开展被监管人员的心理健康相关工作。

8. **民政部门：** 负责引导与管理城乡社区组织、社会组织、社会工作者参与社会心理服务。运用社会心理服务赋能专业社会工作，提升社会工作服务能力。

9. **医疗保障部门：** 加强对社会心理服务体系建设有关医疗保障工作，完善心理健康服务项目价格政策。

10. **财政部门**：强化对社会心理服务体系建设的资金保障并监督使用。

11. **人力资源社会保障部门**：负责社会心理服务体系专业人才职业资格规范管理工作。

12. **市场监管部门**：对未经许可擅自从事心理咨询和心理治疗等心理服务的机构，依有关主管部门提请，依法予以处罚。

13. **中医药管理部门**：负责指导中医医疗机构做好心理健康服务相关工作。

14. **农业农村、工会、共青团、妇联、信访、残联**等负责特定工作对象的社会心理服务工作。

➲ 社会参与是基础

加大社会参与是体系建设发展的重要基础。社会心理服务体系建设主动性强、关联性强、整合性强，必须树立大社会观、大治理观，积极动员社会力量广泛参与，激发教育系统、机关和企事业单位、医疗卫生系统、社区及农村系统完善社会心理服务网络的主动性，做好常态化的心理健康服务。发挥基层组织和社区干部联络员的作用，发展壮大平安志愿者、社区工作者、群防群治队伍，用社会心理服务赋能社区工作者、网格员、志愿者等，畅通联络交流渠道，发挥人民群众在搭建基层心理服务平台中的优势，增强发现民众心理需求、洞察社会矛盾苗头的敏锐性。明确不同领域、行业和类型的人员在社会心理服务体系建设中的角色和定位，让多层次、多部门、多专业的人员都能参与进来，包括党政机关领导、各单位分管领导、业务骨干、乡镇街道干部、基层社区工作人员和村居工作人员，以及各类社会心理服务机构的工作者。完善社会力量与民众参与社会心理服务体系建设的制度化渠道，激发共同参与体系建设的内生动力。

要合理引进第三方和市场化服务。规范发展社会心理服务机构，建立行业协会组织并加强管理。要加强对社会力量的政策扶持，在引导社会组织有序参与等方面进行扶持，有关部门要整合辖区社会心理服务资源，完善社会心理服务行业组织建设。建立心理健康机构、社会心理服务机构、学校心理咨询中心、精神卫生医疗机构、社会工作服务机构、心理健康志愿组织的合作机制，开展社会心理服务协同供给，提供公益性、福利性的心理服务。在此基础上，引导逐步建立市场准入机制，在经济竞争环境和利益激励下，通过社会公众和市场经济调节服务的供给格局，为社会成员提供优质且个性化的社会心理服务。例如，政府可通过政策激励和资金扶持，引导市场主体提供多元化服务，政府、各需求单位和个人可以向市场主体购买提升心理健康状况的软硬件设施、心理咨询、心理健康教育、恢复性治疗服务等。

○ 专业支持是支撑

专家学者的专业支持是社会心理服务体系建设的关键支撑。要充分发挥高等院校和研究院所等学术机构的科研成果转化和科技服务力量，协调成立跨部门、跨学科的专家组，为体系建设提供科学理论指导和专业技术支持，鼓励多学科学者进行调查研究、调研评估，提炼总结根源于中国本土的社会心理服务体系建设理论和方法，积极建言献策。鼓励高校依托资源开设社会心理服务专业，加强对试点地区的培训指导、传经送宝，协助政府分级分类开展社会心理服务工作者人才队伍培训，加强对专业队伍的引导与支持，建立并完善人才信息库。要主动融合并灵活运用心理学、社会工作等学科相关技术和方法，充分发挥各方面的赋能价值，提高各行业、各领域解决实际问题和服务人民群众的能力。

要推动社会心理服务体系建设基础理论的研究与发展。科研工作对社会心理服务发展水平的影响重大，是社会心理服务工作者人才培养的理论支撑和发展动力。在当前的基础研究层面，符合中国国情的系统性社会心理服务体系基础理论和学科研究相对匮乏，研究队伍较为零散，尚未形成具有独立学科价值、思维逻辑和研究范式的知识体系。不同专业背景人才的融入带来了不同学科视角的交叉与融合，为社会心理服务理论与实践的研究注入了新鲜血液。未来，要积极推进和完善社会心理服务体系建设领域的基础理论和应用实践研究，加大科研投入，促进这一领域的学术研究体系协调发展。

要建立理论与实践经验的高效反馈机制，为社会心理服务工作不断注入新的活力和智慧。组织专家团队参与基层社会心理服务实践，从经验丰富的基层人员身上有效提炼模式与经验，促进服务的规范化、科学化。同时，专家为基层人员提供专业指导和支持，而基层人员将充分运用本地知识和经验，基于服务的过程与真实的案例，向专家提供有效的反馈，专家再根据反馈内容修正理论，明确需要用到的方法和技术，促进实践经验和理论知识的有机结合，全面提高社会心理服务的质量和效果。

⊃ 群众受益是效果

联动多部门主动为民众提供看得见、摸得着的多元化社会支持和心理服务，通过人文关怀、心理疏导等方式，更好地满足人民群众多层次、差异化、个性化的需求，提高身心健康水平与幸福感，促进全社会广泛参与，单位、家庭、个人尽力尽责，不断融汇社会力量，让民众在促进社会心理服务发展中更好地实现生活价值，使人人都成为社会心理服务体系建设的参与者、工作者、服务者和受益者。

社会心理服务强调面向民众的普惠型服务，不应局限于一个场地或一场活动，必须积极主动地融入百姓生活的方方面面，促使更多人受益于社会心理服务。在实践运用中，要谨记"做得比说得好听""说心理不如做心理"，从受众需求出发，根据服务对象的特殊性和他们在现实生活中面临的问题，量身打造社会心理服务。用社会心理服务的方法和理念，设计诸如心理读书沙龙、社会心理服务情景剧、团体辅导游戏等活动，将心理服务的空间范围拓展到更广泛的社区、学校、企事业单位等场所，提供更多样化的社会心理支持，涵盖更多人群，并更好地满足他们的需求。

发挥媒体宣传作用，增强百姓对社会心理服务的理解与接纳，善于运用身边的社会心理服务资源创造美好幸福生活。搭建"社会心理服务媒体平台"，充分发挥媒体特长，聚合媒体力量，打造多媒体宣传矩阵，从媒体视角把握体系建设的理论特点和实践经验，报道典型人物和示范模式，发挥其传播推广、引导宣传、科普教育的功能，实现体系建设更接地气、更生动形象、更全面覆盖。各地宣传部门要善于借助媒体加强心理知识科普教育，结合社区、街道、村落特点建立网格化宣传制度，创新形式进行宣传教育。

第三节　全面加强各领域社会心理服务体系建设

⊃ 夯实基层社区及农村系统社会心理服务体系建设

各地区应当在县、乡、镇、村综治中心或城乡社区综合服务中心规范设置社会心理服务场所（指导中心、工作站、工作室），在各乡镇卫生院（社区卫生服务中心）设置符合心理健康服务要求的场所。充分发挥信息系统平台优势，建立社会心理服务电子档案，根据需求开展远程线上心理服务，加强分析研判和风险评估。组织专业的社会心理服务工作者运用各类公共服务设施，为社区居民、村民提供心理辅导、情绪疏解、家庭关系调适等多元化服务，加强对各类矛盾问题的源头摸排，及时识别判断、疏导化解、跟进服务，配套多元化社会支持。尤其注意做好矛盾突出、生活失意、心态失衡、行为失常人群及性格偏执人员的心理疏导和干预，加强人文关怀、促进社会融入，防范个人极端案（事）件发生。构筑守望相助的亲朋邻里关系，建立邻里家庭间关心互助的多元支持网络。围绕生命全周期，关注人民群众从婴儿到儿童青少年，从成年到老年整个生命发展历程中可能存在的各样心理服务需求。社区、农村作为个体生活的主要场所应提供全周期的社会心理服务，增强民众的生活满意度与幸福感。结合社会心理服务同心圆模型搭建全周期社会心理服务网络，建立全面有效的社区支持，打造以民众个人为中心，建构从自我、家庭（核心层面），到亲朋邻里、机构组织、社区与农村领导（中观层面），再到政府和法治、社会环境及文化（宏观层面）的支持系统。

此外，充分发挥专业社会工作优势融入体系建设。10 部门联合发布的《关于印发全国社会心理服务体系建设试点工作方案的通知》中多次指出推动专业社会工作融入社会心理服务体系建设，如"发展心理健康领域社会工作专业队伍""充分发挥社会工作专业人员优势""普遍设立心理咨询室或社会工作室""引入社会工作服务机构"等。2020 年 4 月，国务院应对新冠疫情联防联控机制印发了《新冠肺炎患者、隔离人员及家属心理疏导和社会工作服务方案》，明确提出"以社区为主要阵地，建立心理疏导和社会工作服务网络，提供情绪引导、心理辅导、资源链接、困难纾解、社会支持网络修复等服务，改善社区环境，恢复社区秩序，推动基层社区治理，营造健康向上的社区氛围，促进社会稳定。"我们看到，专业社会工作融入社会心理服务体系建设已是大势所趋，也是国家大政方针的重要导向。

因此，各级政府务必要发挥专业社会工作优势助力社会心理服务体系建设。值得指出的是《中共中央关于制定国民经济和社会发展第十四个五年规划和二〇三五年远景目标的建议》在"十二、改善人民生活品质，提高社会建设水平"的第 48 条"加强和创新社会治理"中，提出"发挥群团组织和社会组织在社会治理中的作用，畅通和规范市场主体、新社会阶层、社会工作者和志愿者等参与社会治理的途径"。如前文所述，社会心理服务体系在化解社会矛盾、维护社会稳定和安全方面发挥着重要作用，社会工作可积极融入社会心理服务体系建设，助力共建共治共享的社会治理与平安中国建设。

社会心理服务体系建设进入下一阶段可充分发挥社会工作专业优势，助力建构完善各领域社会心理服务网络，满足多元化社会需求，增进社会福祉。首先，发挥成熟的社会工作组织机构作用，借助政府主导、社会运营的独特优势，积极促进司法社会工作、医务社会工作、学校与青少年社会工作、婚姻家庭社会工作等融入相应领域社会心理服务网络，发挥社会工作者在社区调解、治安调解、信访、人民调解、行政调解、司法调解中的积极作用。其次，以城乡社区为主要服务阵地，同时广泛服务于养老院、儿童福利机构、医院、学校、灾害救援、社会救助、社区矫正、社区禁毒、社区康复等各个需要的地方和领域，运用专业的助人方法和职业理念，支持其有针对性地提供救助帮扶、心理疏导、精神慰藉和关系调适等服务，化解社会矛盾、培育社会心态。最后，推广一站式基层社会心理服务平台，按照《中共中央 国务院关于加强和完善城乡社区治理的意见》推进社区、社会组织、社会工作"三社联动"。在全国现有安心小屋的基础上，立足社区，打造"党建＋社工＋心理、文化＋社工＋心理"模式，搭建有社工特色、可推广、可复制的一站式社会心理服务平台，通过心理关怀、心理疏导等服务方式，更好地满足人民群众多层次、差异化、个性化的需求。

此外，运用社会心理服务积极赋能社区工作者，提升社区工作质效。主要从两个方面着手，一是加强民众沟通能力，社会心理服务工作者在与民众沟通时要保持温和专业的服务态度，以接地气的方式、通俗易懂的语言与社区居民沟通交流、共享信息。二是提升矛盾调解能力，社区、农村作为人们共同的生活场域，邻里之间容易因生活差异和人际冲突或利益冲突产生矛盾纠纷，矛盾调解能力对于基层社会心理服务工作者来说至关重要。

➲ 健全机关和企事业单位社会心理服务体系建设

国家机关是确保国家长治久安、社会公平正义、经济持续发展的重要组织保障，机关干部和职工则是依法全面履行政府职能、落实完成政府目标任务的执行者。因此，机关单位应重视加强社会心理服务体系建设，可采取"一线二网三类四环节五原则六体系"的服务模式，优化和完善服务流程，从而为机关干部和职工提供全过程、全方位、全周期的社会心理服务。

具体来说，**"一线"**是指开通一条 7×24 小时机关职工公益心理热线，围绕职场困惑、婚姻关系、亲子教育、危机干预等主题，为机关职工及其家属（配偶、子女等）提供服务。**"二网"**指的分别是人才供给网和互联网，即织牢由专家团队、专业团队、志愿者团队、内部团队构建的人才供给网并充分利用互联网资源搭建线上服务平台。**"三类"**是指一般健康人群、心理问题人群、精神障碍人群这三类人群，兼顾预防身心疾病、维护身心健康、提升身心素养三方面的要求，对全体职工进行分类分级管理。**"四环节"**是指"选、育、管、用"四个关键模块，即社会心理服务体系建设需与机关干部和职工队伍建设工作相结合，坚持正确用人导向和用人标准"选人"，根据岗位性质和职工特征"育人"，健全机关职工沟通机制、关爱机制、考核机制"管人"，以事前预防、事中干预、事后保障全流程服务"用人"。**"五原则"**是指政策性、专业性、实效性、针对性及保密性五项基本原则，即贯彻落实党和政府的相关决策部署，提升服务人才专业水平，确保服务的可操作性，针对实际情况及需求采取措施，并制定和实施完备的信息保密制度。**"六体系"**是指科普宣传、心理测评、心理咨询、危机干预、心理培训和保障评估六大内容体系，以全流程、全方位、多层次的社会心理服务维护职工心理健康，提高职工心理素养，促进职工心理协调。由此，锻造一支高素质机关干部职工队伍，切实提高干部履职能力，增强党的政治功能和组织功能，提升党的领导能力和执政水平。

企事业单位是社会心理服务体系建设的重要领域，关系职工生活成长、企业经营发展与社会的安定和谐。面向中国式现代化的企事业单位社会心理服务体系建设，需坚持本土化、时代化，以心理学等学科的技术方法作为柔性手段，满足职工的多样化需求，为职工美好生活赋能，提升组织管理效能，从而促进企事业单位高质量发展。第一，以"工会搭台＋企业自助"结合的模式加强工作体制机制建设，即由专门小组、专业人员负责，统筹协调各相关部门，齐抓共管、共同推进。第二，围绕员工构建"职工－家庭－同事－企业组织－专业机构－政府法治－社会文化－生态环境"八层社会支持系统。从职工心理自助、家企互帮互助、同事相互勉励、专业机构服务、政府法制保障、社会文化培育、生态环境滋养等方面，由内而外、由点到面为职工提供支持和帮助，以层层屏障筑牢心理健康防线。第三，完善"事前预防－事中干预－事后服务"策略以提供全周期、全流程、全方位社会心理服务。深入调查研究，有针对性地做好常态化预防，组建专业化人才团队，积极赋能内部员工，与党建工作、人力资源、工会工作、安全生产、健康管理等工作相结合优化组织效能，并建立健全心理危机干预和保障评估机制，实现员工需求与企事业单位需求相结合，员工目标与企事业单位目标相统一，从而提升员工心理健康水平与幸福感，推进企事业单位治理现代化。

⮕ 全面加强学校教育系统社会心理服务体系建设

一体化建设

加强学校教育系统的社会心理服务体系建设是推进新时代学生心理健康工作横向和纵向一体化建设的重要举措。

1.纵向一体化建设是指心理服务工作需要贯通大中小学各学段，覆盖学生成长的各个年龄阶段。学校及相关部门要积极开展针对心理问题和疾病的识别、评估和干预工作，做到发现在早、处置在小，避免学生的心理问题进一步恶化。

2. 横向一体化建设需要贯穿学校、家庭、社会等各个系统，在不同行动主体间建立协同合作机制，为学生提供适宜的成长环境。其中包括学校可以加强与医院的沟通协作，搭建心理问题转介通道，保障学生享有便捷、优质的就诊绿色通道服务，方便学生和家长就医。同时对需要干预的学生制定分级、分类干预方案，集结各方力量为学生提供专业医疗服务；学校可以加强与家庭的互动，创建基于问题导向的"家、校、社"沟通机制，通过社区心理讲座、心理沙龙、座谈会、家长学校、调查问卷等多形式、多渠道、多层次密切"家、校、社"沟通，共促学生心理健康。此外，学校可以联合教育、卫健、政法、妇联、共青团等部门建设区域学生心理预警与服务大数据平台，实现数据互联、互通、互享，保障学校、家长及相关部门能够及时了解并掌握学生的心理健康状况和变化，提前预防预警。

打造全链条的心理服务模式

一是要做好心理健康监测。坚持预防为主、关口前移，定期开展常态化的学生心理健康测评。同时，教育部门及学校应科学规范运用测评结果，为不同心理健康状况的学生提供更具针对性的心理服务。**二是全方位开展心理健康教育**。学校应不断推进心理教育课程的健全与完善，并在各类学科教育中融入心理元素。组织开展形式多样的心理健康活动，广泛宣传和普及心理健康常识和技能，提高学生的心理素养，减少心理问题的产生，营造积极向上、和谐友善的校园氛围。**三是要加强心理咨询服务**。学校要强化心理咨询服务平台的建设，创造条件开通24小时心理援助热线、网络预约专线和咨询邮箱等途径，为开展个体心理咨询和团体心理辅导提供优质的实时实地服务。**四是要做好心理危机干预工作**。学校应建立起宿舍－班级－院系－学校心理健康预警机制，密切关注师生心理状态的变化，及时了解并追踪遭受校园欺凌、校园暴力、家庭暴力、性侵犯等学生的情况，为其提供多元支持。学校应联合教育部门、卫生健康部门和专业医院机构尽早为有精神疾病倾向的学生提供干预和转介服务，建立健全精神障碍学生的复学机制。

加强保障管理

一是要配齐专业人才队伍。学校应按师生比例配备一定数量的心理健康专职教师，将心理健康教育纳入教师分层分类培训计划中，提升学校心理服务专业水平。**二是要加强政策制度扶持**。政府应研究制定相关政策文件，充分调动各部门及学校参与社会心理服务体系建设工作的积极性，通过政策的引导和支持，帮助各类学校建立以专职心理健康教师为核心，以班主任和兼职教师、心理班委为骨干，全体教职员工、家长、学生共同参与的心理服务工作机制。**三是要落实场地经费保障**。教育主管部门要将心理健康教育纳入当地教育事业发展规划和年度工作计划，配套经费支持学校配备心理服务必要的场地和设备，学校应在年度预算中统筹各类资金保障社会心理服务工作基础经费。

⊃ 完善医疗卫生系统社会心理服务体系建设

基础设施建设

要加快心理健康服务体系基础设施建设，依托村（社区）综治中心等场所设立心理咨询室或社会工作室，为村（社区）群众提供心理健康服务；以村（社区）为单位，心理咨询室或社会工作室建成率达80%以上。高等院校普遍设立心理健康教育与咨询中心（室），健全心理健康教育教师队伍；中小学设立心理辅导室，并配备专职或兼职教师，有条件的学校创建心理健康教育特色学校。各党政机关和厂矿、企事业单位、新经济组织等通过设立心理健康辅导室或购买服务等形式，为员工提供方便可及的心理健康服务。精神专科医院100%设立心理门诊，40%的二级以上综合医院开设心理门诊。培育发展一批社会心理服务专业机构，为大众提供专业化、规范化的心理健康服务。同时，利用各种资源建立 24 小时公益心理援助平台，组建心理危机干预队伍。

服务模式建立

提升心理健康服务能力、建立多元化的社会心理服务模式。省、地市、县三级精神卫生医疗机构要提升心理健康服务能力，通过平安医院创建、等级医院评审等，推动综合医院普遍开设精神（心理）科。妇幼保健机构要将心理健康服务融入孕前检查、孕产期保健、儿童保健、青春期保健、更年期保健等工作中。鼓励中医医疗机构开设中医心理等科室，支持中医医师在医疗机构提供中医心理健康诊疗、咨询和干预等服务。鼓励医疗卫生机构通过互联网技术，提供便捷的预约诊疗、双向转诊、远程医疗服务。根据心理问题的严重程度，建立"院前－院中－院后"的干预模式：院前坚持"治未病"的理念，开展心理赋能和宣传教育活动，预防问题的发生；院中除必需的药物治疗外，还应配备专业的心理治疗人员，为患者提供充分的心理支持与人文关怀；院后通过与家庭、社区、学校的沟通协调，帮助出院患者恢复社会功能，真正融入社会。同时，面向处于不同发展阶段的人群提供诸如胎教、儿童青少年心理干预服务、睡眠障碍矫治、有针对性的心理咨询等一系列心理服务，深化建设全生命周期的社会心理服务体系。此外，要汲取中华优秀传统文化的智慧，优化服务方式，发展创新更加符合民众特征、规律与习惯的本土化心理干预方式。

完善社会心理服务转介机制与督导机制

引入转介机制与督导机制可以为促进社会心理服务的融合发展奠定基础。其中，转介机制有助于厘清服务边界，可以有效规范社会心理服务站点的心理危机干预行为，督导机制则有助于有序推进社会心理服务站点运维工作，提高其执行落实效能。引入转介机制，需建立首次访谈接待负责制，明确识别来访者的诉求目的，鉴别其心理健康状态，评估是否存在心理问题与疑似精神障碍等情况。其次，根据来访者诉求情况和首次接待者自身能力，考虑是否需要转介处理。需要转介时要严格遵守执业服务边界，针对不同人群开设就诊绿色通道，并在本人同意和监护人陪同下转介到专科医疗机构。督导机制的建立需成立由心理专家、临床精神卫生专业人员、部门管理者等人员构成的督导组，通过实地查看、听取汇报、查阅资料、座谈交流等方式，制定统一的站点建设标准和服务标准，并为街道干部和社区工作者提供技术指导和培训赋能，从而提升服务人员的专业水平。

下一阶段应充分发挥医疗卫生系统在社会心理服务体系中的专业支持和协调作用。一是要强调"治未病"的理念，帮助群众建立"健康的一半是心理健康，疾病的一半是心理疾病"的科学认识，牢固树立"每个人是自己心理健康第一责任人"的意识，推动社会大众积极参与社会心理服务活动，切实提高人民心理健康水平。二是要加强各部门的协调合作，政法委和卫生健康部门作为"双牵头"部门要充分发挥牵头作用，协调并加强宣传、教育、公安、民政、司法、财政、信访、残联等部门间的合作联动，合力解决社会心理服务体系建设工作中的重点难点问题。

⊃ 推进社会心理服务融入社会治理体系

融入全周期社会治理机制

社会心理服务体系是加强和创新社会治理的重要抓手。融入"前端服务、中端预警、末端干预、后续跟进"的全周期社会治理机制。第一是树立**"预防大于治疗"的理念，加强前端服务**。在搭建基层社会心理服务网络、建设社会心理服务站的基础上，形成以网站为点、以社会为面的社会心理服务圈，从而将服务关口前移，开展科学、有趣、有效的社会心理服务，发挥普通群众的能动性、创造性，通过增强自身心理素质，实现身心和谐、健康乐群，与社会发展共振，营造相互支持的社会环境，预防心理问题的发生。结合线上和线下，提供心理健康知识科普宣传教育的同时，及时回应民众实际需求，提供全方位、全覆盖的社会心理服务，提高身心健康水平。第二是重视**中端预警，建立广泛联动的危机预警体系**。将心理问题筛查融入基层日常社会治理工作中，建立信息广泛的收集渠道，有效反馈心理问题和其他社会问题，摸排筛查出重点关注对象及家庭矛盾突出、邻里关系不和，可能存在心理问题或潜在心理风险的人员。第三是**做好末端精准干预**。对于发现的危险因素与情况，应做到分类、全面、主动、精准干预到位，源头化解、控制在小。通过评估，将服务对象分为一般人群、关注人群和重点对象，对于一般人群不定期开展走访，对于关注人群定期开展走访，对于重点对象可根据轻微、严重、特别严重等分级分类，开展针对性心理服务。第四是**做好持续的跟进、服务与保障工作**。为相关人群提供心理安抚和社区关怀，对高危人群持续开展心理援助服务，协助建立互助支持系统，建立友好关系，增强社会联系与信任。

从源头化解矛盾、减少信访工作压力

第一，矛盾背后的心理问题本质上是由需求未被充分满足引起的，从而表现出一定的不良情绪、不合理的认知和不理智的行为。因此，应坚持主动服务，处理矛盾前先接纳民众情绪、建立联系，再商量解决问题。面对群众信访诉求，按照"诉求合理的解决问题到位、诉求无理的思想教育到位、生活困难的帮扶救助到位、行为违法的依法处理"的要求，以矛盾化解为明线，心理疏导为暗线，充分运用心理疏导入心、伦理感化入情、普法教育入理、协商平衡利益等方法化解矛盾。让工作人员不仅看到矛盾以及事情，也看到人背后的心理需求、情绪管理和人际沟通等因素，运用高效的沟通、说服策略以及共情和倾听能力，让群众看到更多可能性的选择，实现"事心双解"。此外，成立基层调解队伍，针对不同上访群众的心理状况，加强入户走访、疏导化解、说服教育和排忧解困等环节，通过聊家常等面对面的沟通，帮助疏解心理压力、化解矛盾冲突，引导群众合理合法表达诉求。第二，社会心理服务提升信访工作科学化水平。在前期，全面了解信访人情况，分析心理状态、做好心理评估，把握当事人的心理健康状况、人格特质、支持性资源及可能的风险因素。在中期，密切关注信访人的心理表现，运用心理学技术及时安抚过激情绪，适时予以共情、安慰、劝导，帮助他们稳定情绪，调整不合理认知，正确表达信访诉求。在后期，引导正确对待信访结果，帮助信访群众树立积极人生追求。对于不合情理的诉求，站在信访群众的角度讲明利害关系，引导其回归"正常"生活，实现息诉息访。

预防与化解个人危机和社会风险

生活失意、心态失衡、行为失常、性格偏执等与心理危机、过激行为有一定的相关性，是易引发社会矛盾、威胁社会治安和公共安全的风险隐患。因此，应遵守生命至上、依法依规、保密、专业等基本原则，通过探索细化早期识别标准和预防化解手段，构建"三失一偏"人员（即生活失意、心态失衡、行为失常、性格偏执人员）识别、评定、干预、监管的预警链条，努力防范极端案（事）件。第一，识别发现风险。明确"三失一偏"群体的典型特征，基层干部增强识别能力，在日常入户走访的过程中摸排关键信息，并采取进一步措施。第二，多维评定危机。通过访谈、心理测量和精神障碍诊断全方位地评定"三失一偏"人群风险等级，将其按一定标准分为低风险、中风险、高风险三类。第三，实施干预策略。从生物、心理和社会三个方面切入进行单独干预或综合施策，通过联络医疗资源，采取心理疏导、心理咨询和心理治疗等心理干预方式，以及社会工作者依据政策法规提供救助和援助，三者形成合力建立健全全流程、全周期的心理疏导和危机干预机制，从而有效减轻危机导致的心理应激反应，减少、降低、防范、化解各类风险隐患。第四，建立监管预警。根据人员的情况定期进行追踪回访并做好记录，进行动态监管，以便当事人长期保持稳定状态。

"数智化"建设

推动数智化建设助力社会治理现代化，以数智化为底座实现社会心理服务体系的智能化提升。通过数智化应用，提升社会心理服务工作的执行效率、精准评估、动态跟踪、态势预测与预警，为心理服务人员、社会工作人员、管理人员和用户等带来不同角色与不同功能，精准实现社会心理服务。针对社会心态的大数据分析可以为地方社会治理的决策和评价提供重要的参考依据，有助于完备心理危机应急响应和联动干预机制，科学化社会心态趋势变化的研判预警机制。

第四节　全面构建全周期社会心理服务支持系统

⊃ 积极开展个体心理健康促进与教育

各地将提高公民心理健康素养作为精神文明建设的重要内容，各级宣传部门要组织播出心理健康宣传教育精品。各地基层文化组织要采用群众喜闻乐见的形式，将心理健康知识融入群众文化生活。创新宣传方式，传播心理健康知识，倡导健康生活方式，提高全民心理健康素养，培育良好社会心态。各类宣传媒体要树立正确的舆论导向，营造健康向上的社会心态，弘扬"人人都是社会心理服务体系建设的参与者、工作者、服务者和受益者"的理念，形成人人为我、我为人人、互助自助的温馨社会氛围。

宣传教育要生活化、"接地气"，融入百姓生活工作

心理健康的宣传教育工作要站在民众的立场上研究他们的喜好，依据不同年龄

层与社会群体的特点、工作生活规律，结合当地传统习俗、生活习惯，选择恰当的故事来进行心理健康科普，为民众解决自身生活中面临的难题提供可取的方式方法。

创新宣传方式，增强活动趣味性，吸引百姓主动参与

通过游戏、互动、社会心理服务情景剧等形式使民众多感官参与、全身心投入，从而提高民众自发参与社会心理服务活动的积极性、能动性和主体性。同时，充分发挥当地的新闻宣传机构影响范围广、传播快、表达方式多样等优势，积极探索运用广播电视台、网站、微信、微博及自媒体等多媒体渠道，在知识共享中高效释放心理科普的价值。

宣传教育要切实促进个体心理健康，让百姓在参与中获益

只有民众感到参与宣传教育活动对他们有用并得到积极正向的反馈时，才能激励他们持续参与宣传教育活动并根据自身需要学习相关的心理学知识。通过心理健康教育和宣传活动，提高公众对心理健康的认知和重视，减少对心理问题的歧视和偏见，建立更紧密的社会心理支持网络，持续增强服务效果，有效提升公众的心理健康水平。

⊃ 健全完善家庭支持的重要枢纽作用

家庭支持对于个体心理发展的重要性不可忽视。家庭作为最基本的社会单位，它不仅为个体提供了物质上的支持，更重要的是在精神层面上给予个体支持和依靠。

加强家庭、家教、家风建设

加强家庭、家教、家风建设，给予充分的家庭关爱与支持，有效预防和减少心理问题和精神疾病的发生。推进家庭美德、个人品德建设，激发家庭活力，关注家人心理状况，激励人们向上向善、孝老爱亲，引导人们自觉履行家庭责任，促进家

庭幸福和睦，家人相互关爱守护，构建和谐婚姻家庭关系，倡导家庭文明新风尚。

促进家庭成员间沟通，培养共同的兴趣爱好

家庭成员之间应建立良好的沟通机制，通过倾听和互相理解，彼此表达情感、分担问题和烦恼，提供情感上的支持和慰藉。同时通过培养共同的爱好和兴趣来增进亲密感与凝聚力。

强化家庭教育，创建和谐家庭环境

家长应当切实履行家庭教育主体责任，坚持以身作则、言传身教，培育向上向善的家庭文化，为子女的心理健康成长创造良好的家庭环境。着重提高家庭心理健康意识与素质，提升每位家庭成员发现、应对和解决心理问题的能力。传承培育积极向上的价值观、人生观和世界观并将其贯彻到日常生活中，在家庭成员遇到困难与挫折时，互相给予情感支持和安慰理解，帮助彼此树立积极自信的心理品质和乐观豁达的生活态度。

⊃ 打造亲朋邻里互助的多元支持网络

亲朋邻里互助是打造全周期社会心理服务的重要纽带，要积极打造"熟人社区"，建构更加紧密的社会支持网络。

维护"小家"，融入"大家"

引导家庭成员维护好温馨"小家"、积极融入社区"大家"，鼓励参加各类活动增进彼此了解互信，构筑守望相助的亲朋邻里关系，建立关心互助的多元化支持网络。通过亲朋（同学同事）的接纳、共情、疏导与人文关怀，提供心理支持、满足心理需要、消除心理困扰，改善个体的心理亚健康状态，促进人与人、人与社会和谐相处，预防和减少不良心态、极端行为的产生。

加强基层社会心理服务平台建设

社区要把心理健康教育融入日常工作与民众服务中，制订并实施社区居民心理服务计划，为居民提供健康宣传、心理评估、教育培训、咨询辅导等服务，传授情绪管理、压力管理等自我心理调适方法和抑郁、焦虑等常见心理行为问题的识别方法。提高对有心理问题的居民的识别和判断能力，及时开展有针对性的疏导、干预和转介工作。对经历特殊突发事件的居民，适时提供心理疏导和援助。加强心理问题筛查和心理危机预警，对高危人群、社会矛盾群体定期进行心理排查，根据问题严重程度有针对性地分级、分类开展心理服务，逐步健全矛盾纠纷化解、心理疏导和法律援助等服务机制。

发挥基层群众亲和力强的优势

很多群众具备丰富的生活经验、乐观的生活态度、广阔的社区人脉资源，活跃在社区、邻里之间，是亲朋邻里中的"土专家"。通过"家庭调解闺蜜团""城大姐""五老说事"等形式，让民众有效参与基层社会治理，用百姓亲切熟悉的方式，开展婚姻家庭矛盾纠纷化解、心理劝解疏导、家庭关系调和等服务，以"小家安"促"大家稳"。及时反馈服务过程中的社情民意，积极引导社区居民的负面心理，重塑乐观向上的心态。

⮑ 构建组织单位支持的职工社会心理服务网络

要加强对员工的关心关爱，全面整合服务资源，在有效收集职工需求信息的基础上构建多元一体的立体化服务架构，为员工提供"看得见、摸得着"的社会心理服务。

搭建服务者与服务对象的沟通桥梁

建设"供""需"两网，搭建服务者与服务对象的沟通桥梁。一方面，聚集精神卫生专业人员、心理治疗师、心理咨询师、社会工作者、志愿者等人员组建社会心理服务人才供给网。持续培训社会心理服务相关专业人才，以专业服务解决职工可能存在的心理问题，强化与心理健康机构、社会工作机构和精神卫生专业机构的协同配合，增强心理健康教育、心理咨询、心理危机干预的能力。另一方面，以心理测评识别服务对象，以科普宣传活动增强职工的心理健康意识，以心理教育培训提升职工心理自助和助人能力，从而构建服务对象需求网。根据人群进行分类归属，建立不同的社会心理服务重点"块"，有针对性地进行心理干预和帮扶。通过以上方式搭建服务者和服务对象的沟通桥梁，努力实现供需的动态平衡。

健全线下社会心理服务平台

健全线下社会心理服务平台，实现服务全覆盖。鼓励党政机关和企事业单位根据实际情况设立心理服务室；公安、司法行政、信访等部门根据行业特点设立心理服务场所、配备专业人员，开展宣传教育、咨询评估、干预转介等服务。赋能企业管理人员，提高其管理能力。增强员工心理素质，激发企业活力与创造力。通过在机关、企业、事业单位等场所设立心理服务站点，完备相关软硬件设施，开通职工心理援助热线，实现心理服务的全覆盖，方便职工就近获得服务，避免职工因距离原因放弃寻求帮助。

打造线上社会心理服务平台

打造线上社会心理服务平台，提供便捷高效服务。目前，信息技术已成为推动社会心理服务发展的重要手段，各机关和企事业单位应充分利用互联网技术、数字技术等，并邀请心理专家提供专业指导，协力打造心理服务一体化云平台，以专业度高、覆盖面广、使用便捷、数据管理方便等优势，为职工带来便捷高效的社会心理服务，满足其个性化的心理需求。

构建联动服务机制

构建联动服务机制，提升服务效率。协同社区、社会组织、社会工作者形成"三社联动"机制，建立辐射居民社交场所、活动区域、工作单位、居住社区和家庭的心理帮扶和危机干预模式，完善"个体－家庭－社区－单位－社会"的社会心理服务链，实现上下联通、信息共享、资源整合。同时，积极倡导企事业单位及乡镇街道在开展心理服务时多使用类似于心理顾问等生活化的表达方式，在提供各类专业支持和服务时做到生动有趣、切实有效，从而有效提升服务效率。

综上，要形成一套组织单位支持的、高效完善的职工社会心理服务网络并不断完善服务内容和形式，提高服务质量。

⊃ 提高社会专业机构社会心理服务能力

专业机构社会心理服务能力的提升并非一蹴而就，而是需要从科普宣传、心理测评、心理培训、心理咨询、危机干预及保障评估等多个方面入手，全面提升服务的专业性、实效性、可行性。

科普宣传方面

专业机构需要加强与媒体的合作，通过联合网格员、志愿者、社会工作者等相关人员，利用广播、电视、公众号、义诊、宣传栏、讲座等形式，普及心理健康知识，培养民众的心理健康意识，提升民众的心理健康素养，营造积极向上的社区氛围和心理健康教育环境。借助节假日、纪念日，动员心理健康志愿者和社会工作者，利用社区广场、心理服务室等空间，通过制作板报、分发心理健康知识手册和开展心理健康讲座等各种形式，使心理健康的科学理念渗透到社区、村庄及各个家庭。

心理测评方面

专业机构首先应遵循心理测评的基本原理、原则及伦理规范，提前告知受试者相关信息并在其自愿参与的情况下施测。其次要确保测评内容和流程的科学化、系统化，选择并使用专业有效的测评工具，以保证测评结果准确而有效，同时建立健全数据保密制度，保护受试者的隐私，避免测评结果泄露给无关人员。最后，机构应对测评数据进行长期的跟踪和研究，不断优化和完善测评工具与方法，提高测评的准确性和有效性，根据测评结果为评估服务效果和改善服务质量提供参考。

心理培训方面

专业机构应事先做足调研，从服务对象的年龄、职业、性别、学历、家庭背景等多个维度准确把握社会各界对于心理培训的需求。然后立足于解决实际问题，精心设计具有一定前瞻性和实用性的课程体系，以便为学员提供可以直接运用到工作和生活中的实践方法和理论知识。同时，严格选聘专业素养高和实践经验丰富的师资力量。除了传统课堂讲授，引入线上课程、直播授课、实践课程等多种方式，采用灵活多样的培训方式。最后，从理论水平、实践应用和个人成长等方面综合评估培训效果，并通过建立社群、举办活动、提供咨询等形式使培训产生长期效应。

心理咨询服务方面

首先，在社区、街道、单位等地建立心理咨询室或心理服务室，同时建立心理咨询热线和网络平台，提高线上和线下平台的覆盖率，以方便民众获取心理咨询服务。其次，明确社会心理服务从业者的职业道德规范，尤其注重保护求助者的隐私权，避免泄露其个人信息，并严格行业准入制度，对违反职业道德的心理咨询师予以惩处，确保心理咨询行业的健康发展。最后，专业机构应建立完整的心理咨询服务体系，包括一对一咨询、团体辅导、线上咨询等。针对不同类型的人群，提供不同类型的咨询服务，及时帮助并照顾到求助者的实际需求。

危机干预方面

首先，专业机构应成立由精神科医师、心理咨询师、心理治疗师、社会工作者等专业人员组成的心理危机干预团队，并定期开展培训和应急演练，提升团队服务能力。其次，建立信息收集评估和危机预警系统，通过热线电话、心理测评和实地走访等方式快速识别和发现潜在的危机对象，对服务对象进行分级分类管理。再次，心理危机干预和心理援助应被纳入省、市、区突发事件应急预案，专业机构工作人员在事先告知服务对象保密和保密例外原则的前提下，必要时可与政府、学校、企事业单位、社区等部门和单位实现信息共享，目的是建立快速响应和资源整合机制，以确保紧急情况下能够迅速采取有效措施。最后，为危机对象提供心理疏导和心理援助，与其建立信任关系，帮助其度过危机并持续关注其心理动态，定期评估恢复情况并为其提供必要的心理支持和其他保障。

保障评估方面

专业机构应从人、财、物、组织、制度等方面保障社会心理服务工作的顺利开展。同时，建立健全评估机制，以阶段性评估和整体性评估相结合的方式，对上述五个环节的工作效果进行评价，并建立评估档案，对相关评估数据进行整理、分析和保存，为今后的工作提供数据支持。

○ 加强社会心理服务体系建设法治化保障

各级政府部门与社会各类组织、机构必须学习领会、融会贯通，依法推进社会心理服务体系建设，通过法治保障方针政策得到有效实施。

培养从业者的法治意识与法治思维

加强对社会心理服务行业组织和从业者的法治意识与法治思维的培养。例如，关于加强个人信息保护相关法律法规的科普宣传，《中华人民共和国民法典》就在第四编"人格权"中下设"第六章"专门阐述了"隐私权和个人信息保护"。通过法治意识与思维的培养，让社会心理服务体系建设者依法依规办事，用法治方式破解体系建设中的难题、问题，实现活力与秩序的相统一。

在法治化轨道上推进社会心理服务体系建设

各类组织机构都要依法守法参与社会心理服务。政府部门要依法行政，基于法治思维给自己定规矩、划界限，规范行政决策程序，提升体系建设效能。政府要加强对社会心理服务从业机构、人员的监督管理、督促检查，逐步将机构服务数量、质量等评价结果向社会公开。要求所有涉及公民心理健康信息的机构，都应强化其心理健康信息安全的保护意识，注意将心理健康资料立卷归档，妥善保管，确保数据收集与运用的标准化、规范化，从严惩处泄露公民隐私的行为。要加强对社会心理服务从业人员的伦理培训和考核，要求其严格遵守保密原则和相关工作伦理规范。

加强社会心理服务体系法律法规制度建设

目前关于社会心理服务体系建设的法律法规内容，散见于《中华人民共和国精神卫生法》《中华人民共和国未成年人保护法》《中华人民共和国反家庭暴力法》《中华人民共和国社区矫正法》《中华人民共和国老年人权益保障法》《中华人民共和国残疾人保障法》《中华人民共和国母婴保健法》等法律中，仍需进一步健全完善。要根据社会心理服务体系建设现状与进程，逐步完善社会心理服务法律法规体系，明确政府相关机构的职责界限与具体责任，统一服务主体规范，加强对行业组织及第三方市场机构的监督管理，健全心理健康服务损害结果的救济制度。完善社会心理服务体系组织法规，研究制定社会心理服务机构和人员登记、评价等工作制度，推动完善行业规范性文件。明确社会心理服务的职能范围、内涵外延等，以及从业人员的资质认定、职业伦理规范、工作要求、薪酬待遇标准等。促进规范化管理，强化对社会心理服务的总体规划、引导、监管、考核。

⊃ 加强优秀传统文化与生态环境的支持作用

　　中华优秀传统文化是中华民族历史传承的瑰宝，也是社会心理服务体系建设取之不尽、用之不竭的智慧宝库。坚持以身作则、言传身教，培育向上向善的家庭文化，构建和谐和睦的家庭关系，为子女的心理健康成长创造良好的家庭环境。坚持邻里互助、热心奉献、共同繁荣的社区文化，融入剪纸、书法、昆曲、太极养生等非物质文化遗产，定期组织开展团体心理游戏、心理情景剧等体验活动，从而增强社区团结，培养居民的公民意识，为社区治理注入强大精神动力。坚持和谐友爱、追求上进、团结合作的企业文化，激发员工工作积极性和热情，增强员工的主人翁精神，提高其工作绩效，从而提升企业核心竞争力。坚持仁者爱人、厚德至善、助人利他的服务文化，能够优化精神卫生和心理服务方式，滋养本土化的服务方法，为存在心理困扰人群的心理疏导及精神疾病患者的治疗、康复和回归社会等工作指明方向。此外，立足于乡土文化、地域文化和民族文化等，充分发挥中华优秀传统思想文化的教化作用，有助于强化民族认同感，促进个体社会化，发挥基层治理功能，促进社会稳定和谐。

　　优美的自然环境和良好的生态治理是社会心理服务体系建设可持续发展的关键要素。一方面，宜人的生态环境可以疗愈身心。结合旅游业的发展规划，开发"旅游＋心理"的服务项目，建设专门的减压康养旅游胜地，让游客能够在半山云海中呐出烦忧、喊走愁思，在山间温泉里疗养身心、舒缓心情，在树木丛林间进行正念冥想、吮吸负氧离子，在小溪河流边沐浴阳光，使人们在绿色生活、绿色出行中缓解身心疲劳，产生愉悦心情，从而充分发挥生态的疗愈作用。另一方面，积极响应国家绿色发展号召，传播生态文明理念，通过开展环保公益活动、生态环境教育等方式，树立人与自然和谐共生的理念，提高民众的环保意识，促使其形成积极健康、和谐友爱的心态，为人们的身心发展增添绿色底色。

第五节　切实加强重点人群社会心理服务

⮞ 加强儿童青少年社会心理服务

学前教育机构应当关注和满足儿童心理发展需要；特殊教育机构要针对学生身心特点开展心理健康教育；中小学校要重视学生的心理健康教育，积极开设心理健康教育课程，开展心理健康教育活动，促进学生身心可持续发展。重视自杀预防，开展心理危机干预，促进"家、校、社"共育机制的部门联动、社会支持，切实支撑起儿童青少年心理健康的防护网。对留守儿童和流动儿童的心理健康状况给予充分关注，为遭受校园欺凌和暴力、家庭暴力、性侵犯等的儿童青少年提供心理创伤干预和社会法律支持。广大教职工应主动学习心理健康知识与照护技能，培育学生积极乐观的心理品质，共筑阳光友爱的校园环境，促进学生身心健康发展。

⮞ 完善老年人、妇女和残疾人社会心理服务

老年人、妇女和残疾人在生理、心理、情感等方面常面临着不同程度的挑战和压力。因此，应引入多方社会力量，为空巢、丧偶、失能、失智、留守老年人、妇女、残疾人和计划生育特殊家庭提供多元化社会心理服务。

坚持问题导向

关注老年人、妇女、残疾人群体的实际需求和问题，如老年人在退休后易出现

孤独、焦虑、抑郁等心理问题；妇女常因在家庭、职场等多个场合间变换角色而分身乏术；残疾人可能由于自身身体缺陷产生自卑感并在生活中遇到诸多困难。因此，需融合个性化、人性化关怀等理念开展有针对性的常态化社会心理服务活动。

建立工作机制

一是心理隐患预警机制，发动心理服务团队，跟进疏导，加速干预，有效防控各类人群可能出现的心理风险。二是心理需求服务机制，科学分析研判关爱对象心理，制定个性化关爱方案，实施精准援助。三是心理压力疏导机制，推行"聆听、区分、提问、反映、引导"五步工作法，定期或不定期地对关爱民众减压释压。四是心理关爱评估机制，每年对服务质量进行评估，及时改进、完善发现的问题，为持续做好各类人群心理关爱工作提供依据。

分人群精细管理

针对老年人，充分利用老年大学、老年活动中心、基层老年协会、妇女之家、残疾人康复机构等平台，扩展老年活动场所，同时宣传心理健康及家庭教育等方面的知识，通过拓展人脉圈、参与社区活动、科普宣传等形式丰富广大老年人的精神文化生活，减轻其孤独感，促进家庭和谐。

针对孕产期、更年期等妇女，社区、单位应加强心理关怀，为其提供职业发展机会和家庭支持服务，帮助其在家庭和工作中找到平衡。此外，对遭受性侵犯、家庭暴力等妇女及时提供心理援助，并鼓励婚姻登记机构、婚姻家庭纠纷调解组织等积极开展婚姻家庭辅导服务。

针对残疾人，发挥社区康复协调员、助残社会组织的作用，为残疾儿童家长、残疾人及其亲友提供心理疏导、康复经验交流等服务。同时，企业可以为残疾人提供职业培训，帮助其获得技能，提高社会地位。

⊃ 重视特殊人群社会心理服务

高危特殊人群背后多数存在心理问题，对他们的忽视容易将其推向社会边缘，形成恶性循环。因此，要做好针对心理高危人群、强制隔离戒毒人员、社区矫正人员、服刑人员、刑满释放人员和其他违法犯罪人员等的社会心理服务。重点做好职业压力突出、道德失范、行为失序和偏执型人格障碍人员的心理干预与疏导，做好事前预防、事中干预、事后矫正，提高其环境适应能力，帮助其重新回归正常生活。同时，收集并整合高危特殊群体的相关信息，密切关注其心理波动和行为变化，精准识别存在于其中的社会风险，以"心防"助力社会稳定与社会安全。

要根据不同人群的特点，在其生产生活的相关场地设立社会心理服务场所或休闲区，配备一定数量的专业人员，对工作对象开展心理健康教育，提供心理健康评估、心理咨询、危机干预等服务。首先，针对容易产生心理问题的高危群体，如空巢、丧偶、失独、留守老年人，孕产期、更年期和遭受意外伤害的妇女，流动、留守和困境儿童、孤儿，残疾人及其家属等提供心理健康服务。针对遭受校园欺凌、校园暴力、家庭暴力、性侵犯及沾染毒品等儿童青少年提供心理创伤干预。其次，高度关注流浪乞讨人员、服刑人员、刑满释放人员、其他公安监所被监管人员、强制隔离戒毒人员、社区矫正人员、社会吸毒人员、易肇事肇祸严重精神障碍患者等特殊人群的心理健康。加强心理疏导、危机干预和人文关怀，促进社会融入，提升其承受挫折、适应环境、重返社会的能力。预防和减少极端案（事）件的发生。健全政府、社会、家庭"三位一体"的帮扶体系，消除对特殊人群的歧视，帮助特殊人群回归正常生活。最后，针对不同职业群体开展社会心理服务。针对医护工作者、警务执法人员及从事与公共交通、公共安全领域相关的心理高压行业从业人员，建议进行入职心理筛查和人格测评，并结合本单位的实际情况，制订员工心理援助计划；将心理测评纳入高危职业人群的医疗检查项目，并考虑在职工医疗保障体系中预留心理诊疗、心理康复的内容。要加强人文关怀,有的放矢地根据职业特征帮助其缓解职业倦怠感,提高工作应激能力和抗压能力。

◐ 关注重大突发事件后受影响人群的心理服务

常见的重大突发灾难性事件,如地震、洪水、传染病的大面积流行及爆炸、有害物质泄漏等都可能对民众的心理健康造成不同程度的负面影响,导致个体在情感、认知和行为方面出现功能失调。重大突发事件发生后,各级政府部门应分工合作,尽快建立并启动相应的危机干预机制,减轻灾难性事件的不利影响,以保障群众的生命财产安全,维护民众的心理健康水平,帮助民众应对困难和危机,尽快恢复正常的生产生活秩序。因此,各级各部门干部需要学习了解民众经历重大突发事件后的心理特点和危机干预原则,促进心理危机干预工作有效开展。

危机事件心理救援原则

伴随着危机事件发生、发展到结束的过程,人们在心理上通常会经历三个阶段,即冲击 – 恐慌期、稳定 – 烦闷期和解决 – 恢复期,不同阶段危机救援的侧重点和焦点有所不同。

危机事件刚刚发生后的一段时间内,粗死亡率会因基本生存物资紧缺而大幅上升,世界卫生组织将这个阶段称为急性救援期。此时,外部环境通常存在巨大的危险,威胁民众的人身安全,使其日常生活发生极大改变。在此情况下,民众的心理状态普遍较差,容易出现焦虑、害怕和恐慌等情绪反应。需要注意的是,急性救援期间民众的焦虑和恐惧情绪大多具有现实基础,因此世界卫生组织推荐的心理救援原则是必须将解决民众生活的现实问题(如保证民众的人身安全、提供基本的生存物资等)放在最优先的位置,再配套提供心理援助以缓解普遍的焦虑和恐慌情绪。[4]

随着救援工作的不断展开,危机进入稳定期后,民众基本物质供给会逐渐恢复,恐慌心态逐渐平缓。然而，民众可能会因无法确定恢复正常生产生活的时间而缺乏确定感和安全感，或者因其他社会心理需求（如社交）被剥夺而出现较为明显的烦闷情绪。在此阶段，各级干部应当关注民众的生活需要和心理需求。一方面，继续为民众提供充足的经济发展支持资源；另一方面，主动组建专业队伍为一般民众提供心理援助服务（如热线），以排遣情绪压力，提供情感支持，特别评估追踪高危、弱势或特殊群体的心理状况，必要时及时进行心理干预，帮助其度过危机。

在危机解决–恢复阶段，一旦危机解除、形势向好，主管领导及相关责任人应及时向民众发布切实可信的情况说明，保障民众的知情权并鼓励民众主动投入生产生活的重建活动中，逐渐回归正常心理状态和原有的生活方式。此外，鉴于广大民众的个人情况不同，受到灾害影响的严重程度也不同。部分民众会因危机事件遭到严重创伤进而出现心理问题或精神障碍。因此，需要建立科学专业的心理危机干预机制，及时识别并对这部分民众进行精准干预，以保证他们的心理健康。

重大突发事件后心理救援的主要措施

为尽量减少重大突发事件对人民群众的心理伤害，需要根据不同群体的社会心理需要开展有针对性的心理救助和危机干预工作，特别是对重点人群及时进行心理干预和疏导。具体的心理援助措施有如下几点。

1. 将社会心理服务纳入重大突发事件的整体部署

首先应建立党政领导、部门协作、社会动员的工作机制。其次，应为社会心理服务提供资金和政策支持，针对社会心理服务工作者开展危机干预的相关培训，提升服务水平和职业道德意识。卫生健康部门需对不同人群的心理健康状况进行评估，并根据评估结果及时调整心理服务的工作重点。

2. 组建有经验的专业心理救援队伍

心理援助队伍成员需要保证有一定的专业资质，精神科医生、临床心理工作者等有心理危机干预经验的人员应优先入选。为心理危机干预及相应的专业培训与督导提供有力的人员保障。同时，可以提供心理干预决策建议和咨询，向民众提供心理健康宣传教育等。

3. 组织救援人员心理干预专业培训

充分利用互联网学习平台向一线救援人员、受灾地区的各级干部提供培训，提升基本的心理干预技能，以利于他们有效开展工作。同时，一线人员可能在实施救援过程中产生较大的心理压力，应为他们提供必要的心理疏导与干预，以保障他们有较好的心理状态。

4. 建立 24 小时心理危机与援助热线

鼓励受到轻度心理困扰的民众拨打 24 小时有专业接线员在岗的心理热线，以缓解情绪困扰，解决当下问题。危机热线人员资质可以稍低于心理救援医疗队伍，但仍应在上岗前为接线人员提供心理热线培训，在岗时要提供督导。

5. 及时识别并密切关注高危人群

在灾害中经历生命的威胁、失去至亲好友、亲眼目睹死亡事件或反复接触灾害中涉及生死的细节（如地震后挖掘废墟的一线救援人员）极易产生心理创伤[5]。相对于成年人，儿童更为脆弱。这种心理创伤需要较长时间才能平复，因此需要对上述高危人群进行较长时间的跟踪关注和主动干预。

6. 加强对特殊人群的心理支持

民政、妇联、残联等部门要动员和引导慈善组织、社会工作服务机构、志愿服务组织等社会力量，把日常生活服务和保障心理服务相结合，为低保对象、特困人员、特殊困难老年人、困境儿童、流浪乞讨人员、残疾人等群体提供生活救助和关爱帮扶。

7. 积极开展广大民众的心理疏导

各地宣传部门要发挥媒体作用，做好心理健康知识普及和国家政策解读，及时疏导广大民众因重大突发事件带来的负面情绪，营造强信心、暖人心、聚民心的社会氛围。

⊃ 加强严重精神障碍患者服务

《全国社会心理服务体系建设试点工作方案》指出，"乡镇（街道）综治、卫生健康、公安、民政、残联等单位要建立健全精神卫生综合管理小组，多渠道开展严重精神障碍患者日常发现、登记报告、随访管理、危险性评估、服药指导、心理支持和疏导等服务。"《关于加强心理健康服务的指导意见》指出，"做好基本医疗保险、城乡居民大病保险、医疗救助、疾病应急救助等制度的衔接，逐步提高患者医疗保障水平。做好贫困患者的社会救助工作。建立健全精神障碍社区康复服务体系，大力推广'社会化、综合性、开放式'的精神障碍康复模式，做好医疗康复和社区康复的有效衔接"。在基层社区层面，可以推行"排查－筛选－干预"的工作流程，首先是对精神障碍患者的基本排查与访视，其次是创新服务项目与模式，促进其达成医疗康复、教育康复、职业康复和社会康复，回归家庭和社会生活。

加强基层排查、登记、随访和评估等工作

联动多部门建立精神卫生综合管理小组，通过逐户上门等方式对辖区户籍人口、常住人口和流动人口中的精神障碍患者开展全覆盖排查，对排查发现的及被评估发现可能肇事肇祸的人员，按照相关要求进行分类登记并装订成册，及时更新信息和升降风险评估等级。通过走访，及时了解患者病情，进行动态风险评估，根据评估情况分级分类开展相应的基础管理，按照不同等级调整随访次数。

对严重精神障碍患者家属开展支持性服务

通过家属与家属之间、家属与专业人员之间的交流、支持和学习，为康复人员

家属提供压力舒缓、情绪疏导、人际支持的专业平台，营造良好的康复氛围；联动各服务团队、医疗机构等开展康复服务，搭建精神障碍患者交流平台，建立朋辈支持，提供康复治疗、心理咨询、心理健康教育、社区适应等社区康复服务，打造特色实践内容，倡导精神康复和复原理念，改善康复人员的身心状态，减轻心理压力，从而促进身心健康，开拓职业康复服务领域，构建"康复＋就业"的多元服务平台，培养康复人员社会实践技能，创造就业岗位，帮助康复人员回归社会。

第六节 探索复合应用型社会心理服务人才培养模式

⊃ 培养各行各业开展社会心理服务的人才队伍

广义来说，人人都是社会心理服务工作者。社会心理服务有助于实现更科学的管理方式、更优化的工作模式、更幸福的生活方式。有人有组织的地方都需要有开展社会心理服务的人员，人人都应学习并具备社会心理服务的意识、理念和基础能力。狭义来说，从事社会心理服务的人员可统称为社会心理服务工作者（社会心理服务师），具体是指融合心理学、社会工作等多学科理论方法，按照社会心理服务体系建设的内容、规范、要求，积极主动预防和解决个体、群体与社会层面的各类问题，提供全方位、全周期、多元化社会支持的专（兼）职工作人员。社会心理服务专业人员培养可建立初、中、高三级水平培训体系。初级要求具备基础社会心理服务能力，旨在预防、识别及初步处理各类问题，满足基本心理服务需求，提高各行各业工作胜任力。中级是社会心理服务与各领域岗位（包括社会治理系统、机关企事业单位系统、学校教育系统、医疗卫生系统等）的深度结合、赋能提升，以及针对特殊群体（如消防员、残疾人等）提供特定社会心理服务。高级则是具备实践督导能力的专业资深人才。

探索复合应用型人才培养模式，要求工作者不仅具备社会心理服务的基础能力，还需要有系统的服务观念、工作方法和融合思维，同时聚焦预防及解决各类心理问题，提高为各行各业及各类人群提供积极、普惠的社会心理服务的胜任力。这就意味着在人才培养过程中，要整合心理服务需求、科学管理和问题解决能力，实现更加定制化的人才培养。同时需有功能明确、配置合理的人才队伍，健全成长机制，培养本土化、专业化、有思想和能力的专业团队，确保社会心理服务的高效、科学和有序发展。在具体操作上，要在如下层面发力推进。

打好建设基础

首先，需明确社会心理服务的多重职能。在个体层面，预防和治疗精神疾病，维护心理健康，并提高心理素养。在家庭层面，化解家庭纠纷，推进家庭教育，传承良好家风。在（村）社区层面，调解邻里矛盾，确保社区和谐，并建立互助机制。在社会层面，预防社会风险，进行联动干预，以维护和谐的社交环境。其次，进行科学和合理的服务人员配置。不仅要关注各层级和领域的工作重点，还要考虑个体和团队的协同效应。这包括由干部和中心工作人员组成的统筹队伍，由各部门和专业机构工作人员组成的支持队伍，以及由各单位和街道的骨干人员组成的服务队伍。最后，构建人才队伍的胜任力模型，依据动力、能力和稳定性三个维度，以培养具备强烈动力、坚实的基础知识和出色的专业能力的团队。

构建成才机制

明确社会心理服务专业人才遴选流程和合格标准，以胜任力模型作为依据，对推选人员进行评价，最终确定合格人选并建立档案。根据遴选结果和人员属地情况对社会心理服务专业人才进行分类，将服务者队伍分成若干个小组，每个小组内成员需要属地相近且分别匹配不同的培养方向，如婚姻家庭、老年心理服务、妇女儿童心理服务、职工心理服务、学生心理健康管理、矛盾调处、危机干预、心理咨询等方向，为后续差异化培训奠定基础，从而提升培训效率。完善社会心理服务专业人才的培训，按照"3+3+1 三叶草模型"设计培训课程体系，开展基础、进阶专业培训和实践督导。针对统筹者和服务者开展重点不同的培训，统筹者主要学习社会心理服务体系建设、规划设计、推动落实、督导指导、验收评估等方面的技能及各地案例。服务者按照上述几个方向进行分类培训，掌握不同工作对象的心理特征，有针对性地提升专业素养。进入实践督导阶段，在当地探索社会心理服务的督导机制，成立督导基地，开展督导工作。从评价内容、评价方式、评价汇总三个方面建立人才评价体系，定期实施人才评价工作，整体掌握培养效果，促进整个培训体系的完善和个人能力的提升。建立人才晋升激励机制，从级别的设置、依据与标准、流程与审核、奖励等四个方面来服务人才成长，激发工作动力，提升服务水平，促进社会心理服务工作提质增效。

强化组织保障

充分发挥领导小组、统筹者队伍和各级党组织的力量，设立专门的管理机构，构建完善的人才培养体系，制定明确的目标和计划，并加大人力、物力、财力资源投入，给一线社会心理服务工作人员创设服务平台和机会。同时，也要注重人才队伍建设的质量和效果，定期开展评估和反馈，对存在的问题及时进行改进和完善。

● 培育专业化社会治理队伍，提升社会治理质效

现在，我们将基于中国国情和文化背景，针对如何优化社会心理服务体系，探讨使用心理学方法、社会工作模式和社会治理思维赋能一线社会治理工作者，旨在培养高素质、专业化的社会治理人才，以提升基层社会治理的整体效能和水平。

首先，社会治理的全过程都与人的心理活动密切相关。准确把握这些心理活动

和行为模式，能够帮助我们更有效地解决社会治理中的各种问题。具体而言，有针对性的心理疏导能从根源上解决社会问题，进一步通过社会联动来优化解决方案。这不仅能提高解决矛盾和纠纷的质量与效率，还能避免危机与冲突事件的发生，维护社会安全和稳定，推动社会和谐发展。其次，社会心理服务是解决社会治理具体问题的有力工具。在矛盾调解过程中，不仅要看到矛盾及事情，也要看到人，考虑到各方的心理需求、情绪管理和人际沟通等因素。同样，在与群众的互动中，高效的沟通、说服策略以及共情和倾听能力也是不可或缺的，要善于觉察群众的情绪，洞察群众的需求，让群众看到更多的可能性。最后，为社会治理工作者提供心理健康培训，可以帮助他们更好地理解和应对自己和他人的心理需求。针对压力较大的社会治理工作者，可以提供个案心理咨询，以解决其身心健康问题。

以安徽省宿州市政法委赋能基层社会治理人员，旨在培养能够在各级社会治理部门和组织中从事高水平工作的社会心理服务师为例。这些专业人才将致力于化解社会矛盾、防范社会风险，以及推动社会治理现代化。培训课程按照初级、中级和高级三个层次进行，同时建立了相应的评价体系。

社会心理服务师（初级）：初级培训主要关注如何应对日益复杂和多样的社会矛盾与纠纷。课程将教授心理学方法、社会工作模式，培养社会治理思维，旨在提高基层工作人员在解决矛盾和化解纠纷方面的能力。

社会心理服务师（中级）：对于已经具备初级资质的人员，需经过进一步的知识和技能深化培训后，方可进行理论与实操能力的高级认证。在经过考试认证合格后，他们将成为具备中级资质的社会心理服务师。中级培训的内容以"1+6"为核心，其中，"1"代表健全社会心理服务体系和危机干预机制，而"6"则包括完善社会治理体制、加强预防和化解社会矛盾机制建设、完善社会治安防控体系、健全公共安全体制机制、构建基层社会治理新模式及推动市域社会治理现代化。培训旨在使他们更全面地承担起社会治理工作的各项职责，真正做到以"心治"为基石，强化政治、法治、德治、自治和智治。

社会心理服务师（高级）：具备中级资质的人员，如果在相关学科知识体系中有足够的积累，并在实际操作中展现出突出能力，尤其是精通整体和系统性工作部署，将被视为具备指导社会治理工作的高级水平，从而成为高级资质的社会心理服务师。

此外，社会心理服务还可赋能各领域管理人员，增强组织的活力和效能，释放个体潜能。第一，提高各行各业、各个领域解决实际问题的能力。如提高社区工作质效，需学习有效的人际沟通、共情、倾听等能力，理解个体行为及背后需求和动机，增强工作针对性。第二，提高工作对象的满意度与幸福感。帮助社会管理人员有效了解服务对象，促进与当事人及当事人之间的良好沟通和互动，帮助人们在工作与生活中更有效地认识自我、理解他人。第三，优化管理机制、提高组织效能。管理者通过学习运用社会心理服务相关知识、方法和技能提高组织管理能力，加强积极心态建设、促进人员心理素质提高，全方位提升人员工作效率、自我效能和自我价值，同时降低组织间沟通成本，提高整体运作及联动效率。

我们强调实践为重，要求社会治理工作者定期与相关的社会心理服务专家交流和反馈，分享在实际工作中遇到的问题和挑战。基于这些反馈，专家可以为他们提供针对性的培训，涵盖社会治理、社会工作、法规政策和地方文化等内容，以提高培训的趣味性和实用性，从而更好地为社会治理工作者队伍赋能，帮助其解决社会治理中的难题，提升社会治理质效。

● 赋能社会工作者队伍，提高社会工作专业能力

社会工作本质上是一种职业化的助人活动，其特征是向有需要的人特别是困难群体提供科学有效的服务。社会工作以受助人的需要为中心，并以科学的助人技巧为手段，以达到助人自助的有效性。社会心理服务可以积极赋能社会工作活动各领

域、全过程，应用于介入、评估、结案、回访的社会工作实务全过程，通过建立关系、倾听、共情等技术运用，促进服务对象接纳，了解服务对象需求，设计切实可行的服务方案，产生明显积极的效果，提高社会工作者运用心理学技术与方法助人自助的专业度和胜任力，扎实做好与人相关工作的"最后一米"，提升社会工作效能，促进社会治理现代化。

在 12345 接诉即办投诉案件处理中，社会心理服务可以赋能社区工作者及各岗位工作人员，一方面借助心理学技术稳定对象情绪，帮助居民有效调整隐藏在冲突、纠纷等问题背后的认知误区，另一方面把心理学技术应用到社区矛盾化解、社会动员、社会风险防范等工作中，把矛盾纠纷化解在萌芽状态；在法院系统中，一纸判决或许能够给当事人伸张正义却未必能解开当事人的"心结"，在判决做出之后，社会工作者可运用社会心理服务围绕解开当事人"心结"开展工作，让民众感受到司法的公平、正义和温度；在医务社会工作中，目前激烈的医患矛盾背后可能存在情绪调控和认知不合理问题，可通过社会心理服务赋能社会工作者，学习运用相关技术方法提高工作质效、切实解决问题。

⊃ 发展医疗机构心理健康服务队伍，规范心理咨询专业队伍

通过精神科专业住院医师规范化培训、精神科医师转岗培训等，提升精神科医师数量和服务水平。综合医院（包括中医院）和基层医疗卫生机构应通过培训和继续教育，为所有临床医生和医务人员提供心理健康知识和社会心理服务基础技能培训，提高他们对常见心理行为问题和精神障碍的识别及转诊能力。此外，精神科医师和心理治疗师充分利用他们的精神医学及临床心理学专业知识，为心理工作者和社会工作者提供技术指导，支持他们更有效地开展工作。

为确保精神卫生机构能够及时、有效地应对心理危机，应完善心理危机干预机

制，并将其纳入各级突发事件应急预案。组建由多专业人员，如精神科医师、心理咨询师、心理治疗师、社会工作者等组成的心理危机干预团队，定期为他们进行系统培训和实战演练，以提升团队的危机预防和应急处理能力。此外，通过购买服务等手段，鼓励和支持包括心理咨询师、社会工作者在内的社会心理服务工作者为民众提供心理健康教育、科普知识宣传，为有心理行为问题的人群提供心理援助、评估与咨询服务。统筹建立心理咨询人才管理中心，深化心理咨询人员的标准化培养和管理机制，定期进行工作伦理继续教育及专家督导，以进一步规范和提高他们的专业水平。同时不能忽视心理服务人员自身的心理健康。他们在提供心理咨询、危机干预和矛盾调解等服务时，常常接触到服务对象的强烈负面情绪，长期下去可能导致共情疲劳或职业倦怠。因此，应定期评估社会心理服务专业队伍的心理状况，并根据需要提供相应的朋辈支持或减压、放松活动，确保他们能够持续并有效地提供专业服务。

进一步规范建设心理咨询专业队伍。通过有效管理心理咨询机构及从业人员，更好地保障行业声誉、从业人员与来访者的权益和福祉，提升来访者对心理咨询行业的信任度和满意度，实现心理咨询行业的系统化、科学化与规范化发展。首先，要推动相关法律法规的制定。现有行业组织对违反伦理行为的惩戒力度有限，需制定落实违反心理咨询伦理行为的惩戒机制。加强惩戒机制在行业内的威慑作用和执行力度，一方面有助于保障来访者的福祉，相关机构与从业人员可以根据收集到的意见不断提升自身的专业化水平和服务意识，违规机构则因受到相应处罚无法继续招募来访者。另一方面也可以从法律制度层面维护心理咨询从业人员的权益，避免因来访者的不合理诉求而名誉受损。其次，要明确界定心理咨询专业机构与从业人员的服务范围、执业边界并制定相应的资质标准，避免非心理咨询机构误用或滥用"心理咨询"命名自己的服务，引起大众对心理咨询的误解。根据《中华人民共和国精神卫生法》相关规定，心理咨询从业人员不得对来访者做病理性诊断、不得给来访开具处方或向来访者出售药物。未经精神卫生机构授权，不得向有精神疾病诊断的患者提供心理咨询服务。

此外，要健全完善心理咨询专业人员队伍的培养培训体系，一是建立科学化、专业化的职业发展路径，设置心理咨询师的执业技能分级制度，制定不同层次的执业要求和资格标准。二是设计系统化、规范化的考核评估体系，对从业人员的专业理论学习、服务实践水平、咨询伦理培训及接受督导情况等进行常态化、周期性考核评估，督促从业人员持续接受继续教育、不断提升执业胜任力，为来访者提供更优质、有效的专业助人服务。

结 语

正心为治国之道，积极乃发展之源。唯有心安，才有民安，才有国安。进入新时代，我国社会主要矛盾已经转化为人民日益增长的美好生活需要和不平衡不充分的发展之间的矛盾。人民美好生活的需要日益广泛，不仅对物质文化生活提出了更高的要求，在其他方面的需求也日益多元，其中对心理健康、幸福感的需要更加迫切。心理健康是健康的重要组成部分，它不仅关系到广大人民群众的幸福安康，而且关系到社会安定和谐、国家发展与民族未来。心理健康是确保人民安居乐业、社会安定有序、国家长治久安的坚实基石。心理健康在人民生活、社会发展、国家复兴中发挥着重要作用，而保障心理健康则需要构建全方位、全周期、多元化的社会心理服务体系。

党的十八大以来，党中央明确提出加强社会心理服务体系建设，试点先行、创新推进、丰富发展。各试点地区积极探索，主动提供面向个体、群体和社会的多元化社会心理服务，创新地将其融入百姓生产生活和社会治理各方面。全国社会心理服务体系建设者踔厉奋发、赓续前行，为实现人民对美好生活的向往矢志不渝、奋勇向前，社会心理服务体系建设在我国呈现出蓬勃发展、欣欣向荣的大好局面。社会心理服务体系与国家发展、社会进步、人民幸福息息相关，是提高民众心理健康水平、促进社会心态稳定和人际和谐、提升民众幸福感的关键措施，是培育良好道德风尚、促进经济社会协调发展、培育和践行社会主义核心价值观的基本要求，也是实现国家长治久安的一项源头性、基础性工作。试点工作后，推进社会心理服务体系的理论提炼与实践经验总结，推广科学、有效、高质量的发展模式，为建设人人有责、人人尽责、人人享有的社会心理服务共同体，提升民众心理健康水平与幸福感，推进社会治理现代化，以良好社会心态与社会氛围推进中国式现代化至关重要。"社会心理服务体系建设丛书"提炼总结了社会心理服务体系融入不同行业领域的具体做法和经验，探索有效联动多部门、构建覆盖各系统各领域的落地推进机制，提炼了科学有效的方式方法与可复制可推广的模式，希冀这套书在新时代、新征程中为社会心理服务体系理论创新与实践发展提供重要参考。

面向新时代、新征程，面向中国式现代化。下一阶段，各级党委政府要加强统筹规划，协调各部门、带领各类组织机构和人民群众，以习近平新时代中国特色社会主义思想和党的二十大精神为指引，贯彻党的十九届四中全会、五中全会、六中全会的决策部署，紧跟时代潮流、顺势而为，大处着眼、小处着手，立体化、多角度、全方位推进体系建设工作，要在试点实践中不断彰显社会心理服务体系的时代精神与鲜活生命力，以强烈的历史责任感、使命感和紧迫感实现社会心理服务体系更高质量、更富活力的全面发展，推动健康中国、平安中国、幸福中国建设，推进国家治理体系和治理能力现代化，立足中华民族伟大复兴战略全局和世界百年未有之大变局的时代背景，深刻把握"两个结合"的核心脉络，探索形成具备科学性、合理性和普适性，专业化、规范化和系统化的社会心理服务体系建设模式，不断建设具有时代特征、地域特点、文化特性的中国特色社会心理服务体系，为以中国式现代化全面推进中华民族伟大复兴贡献"心"智慧和"心"力量。

附录一 社会心理服务体系建设理论模型

心理建设是实现人民安居乐业、社会和谐稳定、国家长治久安的重要战略。党的十九大报告明确提出"加强社会心理服务体系建设，培育自尊自信、理性平和、积极向上的社会心态"。党的十九届四中全会、五中全会和六中全会强调，要健全社会心理服务体系和危机干预机制，健全社会矛盾纠纷多元预防调处化解综合机制。党的二十大报告中提出"重视心理健康和精神卫生"。2018年，十部委联合发布《关于印发全国社会心理服务体系建设试点工作方案的通知》，三年试点期间，55个试点地区开展了各具特色又颇有成效的探索，为我国进一步推进社会心理服务体系建设提供了宝贵实践经验。党的二十大报告指出，我们必须坚持解放思想、实事求是、与时俱进、求真务实，一切从实际出发，着眼解决新时代改革开放和社会主义现代化建设的实际问题，不断回答中国之问、世界之问、人民之问、时代之问，作出符合中国实际和时代要求的正确回答，得出符合客观规律的科学认识，形成与时俱进的理论成果，更好指导中国实践。伟大实践孕育伟大理论，伟大思想引领伟大征程。社会心理服务体系建设也概莫能外，伟大的社会心理服务建设实践会孕育出与时代主题相一致的先进理论，先进理论会武装人们的头脑、规范人们的行为，从而指导、反作用于实践工作，引领"心"征程。社会心理服务体系建设需要实践与理论相结合，以实践为主，以服务为导向，来自实践又投入实践。在对三年试点工作经验进行总结提炼后，我们提出全方位、全人群、全周期、全覆盖的社会心理服务体系模型，旨在以精炼准确的语言文字、生动形象的模型图画、翔实的分析解说为读者阐明指导社会心理服务体系建设工作的理论基础及蕴含在其背后的核心逻辑。该理论模型坚持马克思主义科学性和实践性有机统一，贯穿强烈的问题意识、鲜明的实践导向，是经过实践检验、富有实践张力的思想凝炼。

社会心理服务体系建设的理论模型以八大模型为基础，依次阐释社会心理服务体系的定义与内涵、核心内容、全周期社会心理服务和社会支持系统、目标、认识误区、系统观及人才培养培训体系等部分，其内容涉及社会心理服务体系的方方面面。横向上覆盖医疗、教育、乡村和基层社区及机关和企事业单位四大系统，纵向上涉及事前预防、事中干预、事后保障的全周期、全链条的社会心理服务机制，从而帮助读者全面理解社会心理服务体系建设的工作场所和工作流程，以便指导各地社会心理服务工作者顺利开展工作。

1. 家园模型：社会心理服务体系的定义

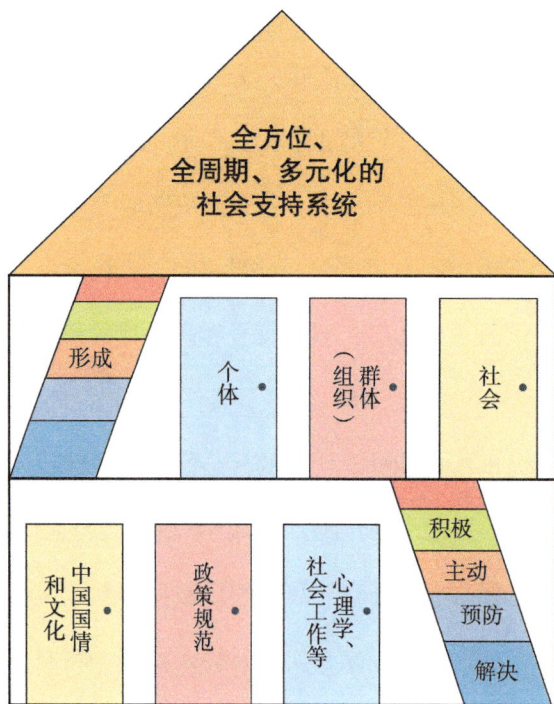

家园模型

家园模型解释的是社会心理服务体系的定义，综合调查研究与学理分析，社会心理服务体系的定义可阐释为：基于中国国情和文化，在政策规范引领下，运用心理学、社会工作等学科的理论与方法，积极主动预防和解决个体、群体与社会层面的各类问题，提升社会治理效能和民众幸福感，形成的全方位、全周期、多元化的社会支持系统。

2.共同体模型：构建社会心理服务共同体

共同体模型

共同体模型生动说明了社会心理服务体系的定义及理想建设效果，即建成以人民为中心，以中国国情与文化为基础，融合心理工作、社会工作、社会治理的综合性服务实践，完善全方位、全周期、多元化的社会支持系统，提升人民身心健康水平和社会治理能力，推进健康中国、平安中国和幸福中国建设的社会心理服务共同体。

3.金字塔模型：社会心理服务体系建设的核心内容

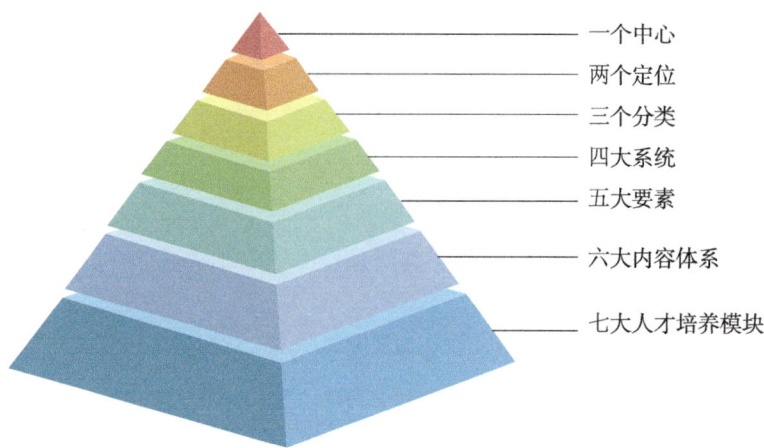

一个中心
两个定位
三个分类
四大系统
五大要素
六大内容体系
七大人才培养模块

金字塔模型

"金字塔模型"具体指导了社会心理服务工作者及相关决策者应当如何建设社会心理服务体系，阐释了社会心理服务体系建设的主要内容，可分为七个部分：第一，一个中心，即以人民为中心，提供全方位社会支持；以人民为中心，全心全意为人民服务。第二，两个定位（结合），分别是"与中国具体实际以及中华优秀传统文化相结合""问题导向和系统观念相结合"。第三，三个分类（兼顾），即事前、事中、事后兼顾，微观、中观、宏观兼顾，全体人群、心理亚健康人群、特殊重点人群兼顾，心理学、社会工作、社会治理等理论方法兼顾，防治疾病、维护健康、提升素质相兼顾，化解社会矛盾、维护社会稳定、提高社会文明相兼顾。第四，四大系统，即涵盖机关企事业单位系统、学校教育系统、医疗卫生系统、基层社区及农村系统。第五，五大要素，即专门的人、财、物、机构、机制。第六，六大内容体系，分别是科普宣传教育、测评、教育培训、咨询服务、危机干预与管理、保障与评估等六大体系。第七，七大人才培养模块，即三个基础模块（心理、社会工作、社会治理）、三个提升模块（政策规范、文化特色、运营服务）、一个实践模块的"3+3+1培养模式"。

4.同心圆模型：全周期社会心理服务和社会支持系统

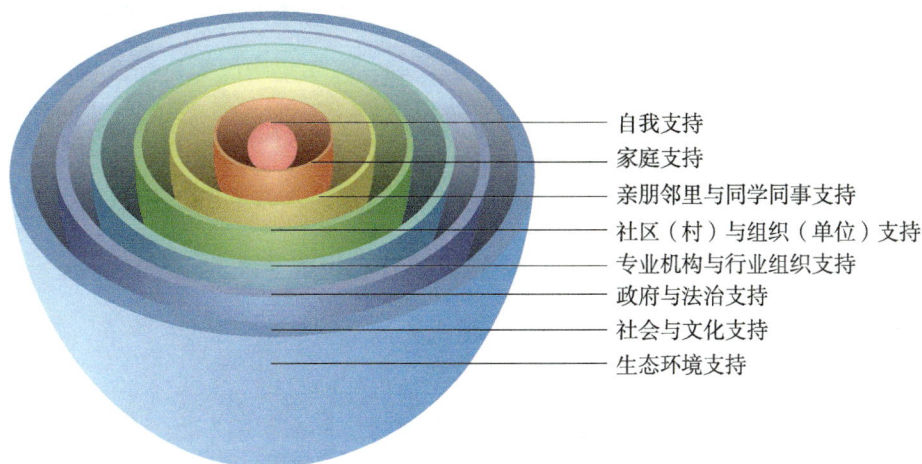

自我支持
家庭支持
亲朋邻里与同学同事支持
社区（村）与组织（单位）支持
专业机构与行业组织支持
政府与法治支持
社会与文化支持
生态环境支持

同心圆模型

同心圆模型回答的是如何以社会心理服务对象为中心由内逐层向外建立社会支持系统的问题，具体包括自我支持、家庭支持、亲朋邻里与同学同事支持、社区（村）与组织（单位）支持、专业机构与行业组织支持、政府与法治支持、社会与文化支持、生态环境支持。其中，第一层为个体层面，第二、三、四层为群体层面，第五、六、七层为社会层面，同心圆的最外层是我们生活的生态环境空间，我们每一个人都被涵盖在内。

5.阶梯模型：社会心理服务体系建设的目标

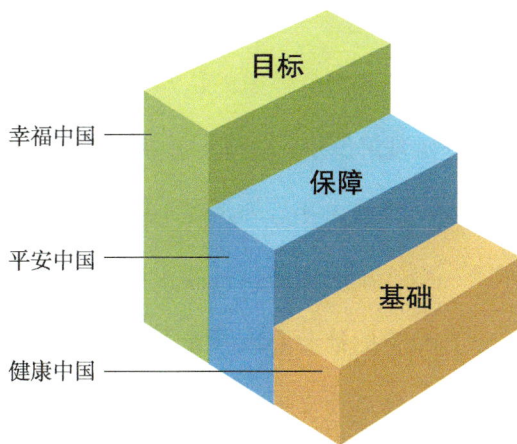

目标
保障
基础

幸福中国
平安中国
健康中国

阶梯模型

阶梯模型主要解释社会心理服务体系建设的目标定位与最终成效，也就是解答社会心理服务体系最终要形成什么、载体是什么、为谁服务的问题。社会心理服务体系建设以健康中国为基础，以平安中国为保障，以幸福中国为目标，我们可将其形象地看作三级阶梯，"健康、平安、幸福"三级是层层递进、紧密衔接的。社会心理服务体系目标的实现离不开健康中国和平安中国建设，如果基础不稳、保障缺位，整体就有失能、失效的风险，因此具体建设过程中应当统筹兼顾、循序渐进。

6.漏斗模型：社会心理服务体系的认识误区

社会心理服务体系
心理健康服务体系
心理（精神）健康
心理（精神）疾病
重性精神疾病

漏斗模型

漏斗模型呈现的是对社会心理服务体系的认知范围维度由上至下逐渐缩减的现象，是对体系概念内涵和外延理解偏差、认知缩减的一种常见认识误区。具体而言，认知缩减指的是在理解事物时将其内涵与外延缩小或产生偏差甚至误解，从而在行为上表现出与对象事物不一致、不贴切的执行方式和方法。各地在开展社会心理服务体系建设的过程中，具体负责的社会心理服务决策者和工作者可能会产生认知缩减的问题，即将社会心理服务体系狭义地理解为心理健康服务体系，或者将心理健康服务体系等同于心理健康建设或精神卫生建设，更有甚者，一些实践地区或单位仅将社会心理服务体系建设理解为给精神障碍人群或我们俗称的"精神病"人群提供诊疗。

7. 鱼缸模型：社会心理服务体系的系统观

社会心理服务体系

鱼缸模型

鱼缸模型形象地比喻社会心理服务体系的系统观。如果把人们生存的社会类比为鱼缸，传统的心理健康服务体系重点关注的是鱼缸里的鱼（个体）的健康问题，社会心理服务体系则是关注整个鱼缸的问题，包括鱼、水及整个鱼缸里的环境"生态圈"（群体、社会）等。社会心理服务体系是积极主动推进各方面要素同频共振、多向发力实现整个"生态圈"的健康，也是在更宏观、系统化的轨道上解决鱼和环境（个体、群体、社会）的问题。

8. 三叶草模型：社会心理服务人才培养培训体系

三叶草模型形象地展示了社会心理服务"3+3+1"人才培训体系。三叶草也叫幸运草，寓意着健康和幸运。三叶草模型包括两枝三叶草和一个果实，分别对应三大模块，即基础模块、提升模块和实践模块，其中每片叶子代表着不同的内容。

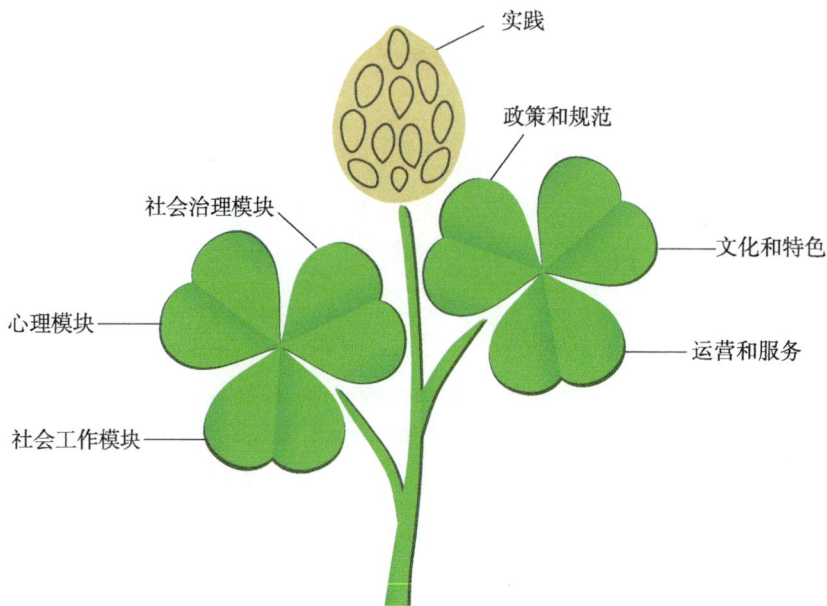

三叶草模型

第一个"3"即三个基础模块，包括社会治理、心理、社会工作三部分，指体系建设所需要的基本知识、技术和方法，是社会心理服务工作胜任力的基础和核心，也是培训体系中的根基和通识单元。第二个"3"即三个提升模块，包括政策规范、文化特色、运营服务三部分，指体系中独有的、创新的、具有中国特色的工作方法和模式，培养目标围绕创新工作能力和综合素质提升，是培训体系中的专项和提升单元。最后的"1"即一个实践模块，指案例学习和实践操作，是理论转化为实践的实操单元，只有通过实践或实操才能结出丰硕果实。

三叶草模型体现了社会心理服务人才培训体系与各模块内容间系统与要素、整体与部分，以及相互联系、相互促进、相辅相成的关系。要把握好多元一体及其各模块之间的内在关系，统筹兼顾、全面推进、协调发展。

附录二 国家政策

1. 关于印发全国社会心理服务体系建设试点工作方案的通知

各省、自治区、直辖市及新疆生产建设兵团卫生健康委（卫生计生委）、政法委、宣传部、教育厅（委、局）、公安厅（局）、民政厅（局）、司法厅（局）、财政厅（局）、信访局（办）、残联：

为贯彻落实党的十九大提出的"加强社会心理服务体系建设，培育自尊自信、理性平和、积极向上的社会心态"的要求，通过试点工作探索社会心理服务模式和工作机制，我们制定了《全国社会心理服务体系建设试点工作方案》，现印发给你们。请各省（区、市）卫生健康行政部门、政法委牵头，会同有关部门严格按照试点工作方案要求，高度重视试点工作，将社会心理服务体系建设试点作为推进平安中国、健康中国建设的重要抓手，做好试点地区遴选论证，加强对试点工作的组织领导，认真指导试点地区做好试点实施方案编制、启动培训、试点任务组织实施等工作，定期对试点地区进行督导，确保按期完成试点任务。试点过程中的进展或问题，要及时向国家卫生健康委、中央政法委报告。

国家卫生健康委　中央政法委

中宣部　教育部

公安部　民政部

司法部　财政部

国家信访局　中国残联

2018 年 11 月 16 日

（信息公开形式：主动公开）

全国社会心理服务体系建设试点工作方案

为贯彻落实党的十九大提出的"加强社会心理服务体系建设，培育自尊自信、理性平和、积极向上的社会心态"的要求，努力建设更高水平的平安中国，推进国家治理体系和治理能力现代化，加快实施健康中国战略，促进公民身心健康，维护社会和谐稳定，通过试点工作探索社会心理服务模式和工作机制，制定本方案。

一、指导思想

全面贯彻党的十九大精神和党中央、国务院决策部署，深入学习贯彻习近平新时代中国特色社会主义思想，深刻认识领会我国社会主要矛盾的新变化，打造共建共治共享的社会治理格局，推动社会治理重心向基层下移，实现政府治理和社会调节、居民自治良性互动。按照《精神卫生法》《"健康中国 2030"规划纲要》《关于加强心理健康服务的指导意见》等法律规划政策要求，坚持预防为主、突出重点、问题导向、注重实效的原则，强化党委政府领导和部门协作，建立健全服务网络，加强重点人群心理健康服务，探索社会心理服务疏导和危机干预规范管理措施，为全国社会心理服务体系建设积累经验。

二、工作目标

到 2021 年底，试点地区逐步建立健全社会心理服务体系，将心理健康服务融入社会治理体系、精神文明建设，融入平安中国、健康中国建设。建立健全党政领导、部门协同、社会参与的工作机制，搭建社会心理服务平台，将心理健康服务纳入健康城市评价指标体系，作为健康细胞工程（健康社区、健康学校、健康企业、健康家庭）和基层平安建设的重要内容，基本形成自尊自信、理性平和、积极向上的社会心态，因矛盾突出、生活失意、心态失衡、行为失常等导致的极端案（事）件明显下降。具体工作指标包括：

1. 依托村（社区）综治中心等场所，普遍设立心理咨询室或社会工作室，为村（社区）群众提供心理健康服务。以村（社区）为单位，心理咨询室或社会工作室建成率达 80% 以上。

2. 高等院校普遍设立心理健康教育与咨询中心（室），健全心理健康教育教师队伍。中小学设立心理辅导室，并配备专职或兼职教师，有条件的学校创建心理健康教育特色学校。

3. 各党政机关和厂矿、企事业单位、新经济组织等通过设立心理健康辅导室或购买服务等形式，为员工提供方便、可及的心理健康服务。

4. 100% 精神专科医院设立心理门诊，40% 二级以上综合医院开设心理门诊。培育发展一批社会心理服务专业机构，为大众提供专业化、规范化的心理健康服务。利用各种资源，建立 24 小时公益心理援助平台，组建心理危机干预队伍。

三、建立健全社会心理服务网络

（一）搭建基层心理服务平台。试点地区要按照《社会治安综合治理 综治中心建设与管理规范》等要求，在县、乡、村三级综治中心或城乡社区综合服务设施规范设置心理咨询室或社会工作室。各乡镇卫生院（社区卫生服务中心）要安排符合心理健康服务要求的场所，为有需求的居民提供健康教育、答疑释惑、心理咨询等服务。基层综治中心等要畅通群众诉求反映渠道，及时了解和掌握社会心理需求。充分发挥综治信息系统平台优势，建立社会心理服务电子档案，开展社会心态预测预警，定期开展分析研判和风险评估。及时发现和掌握有心理问题的高危人群及突发事件的苗头。在村（社区）党组织和有关部门的指导下，组织心理服务工作者、社会工作者、网格管理员、人民调解员、志愿者等，对居民摸排各类矛盾问题，及时疏导化解。利用老年活动中心、妇女之家、儿童之家、残疾人康复机构等公共服务设施，为空巢、丧偶、失独、留守老年人，孕产期、更年期和遭受意外伤害妇女，流动、留守和困境儿童、孤儿，残疾人及其家属等提供心理辅导、情绪疏解、家庭关系调适等心理健康服务。试点地区政法委、卫生健康、民政、公安等部门要建立健全基层综合管理小组，结合矛盾纠纷多元化解，完善流浪乞讨人员、公安监所被监管人员、服刑人员、社区矫正人员、刑满释放人员、强制隔离戒毒人员、社区戒毒社区康复人员、参加戒毒药物维持治疗人员和自愿戒毒人员等特殊人群心理沟通机制，做好矛盾突出、生活失意、心态失衡、行为失常人群及性格偏执人员的心理疏导和干预。制订个性化疏导方案，特殊人群个性化心理疏导的覆盖率达到60%以上。健全政府、社会、家庭"三位一体"的帮扶体系，加强人文关怀，促进社会融入，对有劳动能力者积极提供就业引导，提升其适应环境、重返社会的能力。

（二）完善教育系统心理服务网络。试点地区要进一步加强各级各类学校心理健康服务机构的建设力度。高等院校要完善心理健康教育与咨询中心（室）建设，按照师生比不少于1∶4000配备心理专业教师，开设心理健康教育课程，开展心理辅导与咨询、危机干预等。中小学校设立心理辅导室，配备专（兼）职心理健康教育教师，培养学生积极乐观、健康向上的心理品质，促进学生身心可持续发展，积极创建心理健康教育特色学校。学前教育配备专（兼）职心理健康教育工作人员，开展以学前儿童家长为主的育儿心理健康教育，及时发现学前儿童心理健康问题。特殊教育机构要结合听力障碍、智力障碍等特殊学生身心特点开展心理健康教育，注重培养学生自尊、自信、自强、自立的心理品质。教育主管部门要将心理健康教育纳入当地教育事业发展规划和年度工作计划，统筹现有经费渠道，为教师和学生提供发展性心理辅导和心理支持。各级各类学校要建立以专职心理健康教育教师为核心，以班主任和兼职教师为骨干，全体教职员工共同参与的心理健康教育工作机制。

在日常教育教学活动中融入适合学生特点的心理健康教育内容。要密切与村（社区）联动，及时了解遭受欺凌、校园暴力、家庭暴力、性侵犯以及沾染毒品等学生情况，并提供心理创伤干预。要创新和完善心理健康服务提供方式，通过"校社合作"引入社会工作服务机构或心理服务机构，为师生提供专业化、个性化的心理健康服务。要定期对教师开展心理评估，根据评估结果有针对性地开展教师心理疏导工作。

文明办协调各相关部门，在地市、县两级设立未成年人心理健康成长辅导中心，依托条件较好的心理咨询站点，整合区域内心理健康服务资源，面向未成年人开展心理健康知识普及与专业的心理咨询服务，对村（社区）、学校等基层心理咨询站点提供技术指导和培训。将未成年人心理健康成长辅导中心的建设纳入文明城市和未成年人思想道德建设测评考核范围。

（三）健全机关和企事业单位心理服务网络。鼓励规模较大、职工较多的党政机关和厂矿、企事业单位、新经济组织等依托本单位党团、工会、人力资源部门、卫生室，设立心理辅导室，建立心理健康服务团队；规模较小企业和单位可通过购买专业机构服务的形式，对员工提供心理健康服务。要广泛开展心理健康科普宣传，举办职场人际关系、情绪调节等方面公益讲座，提升员工心理健康意识，掌握情绪管理、压力管理等自我心理调适方法和抑郁、焦虑等常见心理行为问题的识别方法。通过员工心理测评、访谈等方式，及时对有心理问题的员工进行有针对性的干预，必要时联系专业医疗机构治疗。公安、司法行政、信访等部门要根据行业特点，在公安监管场所、监狱、刑满释放人员过渡性安置基地、社区戒毒社区康复工作办公室、司法所、社区矫正场所、救助管理站、信访接待场所等设立心理服务场所，配备一定数量的专业人员，成立危机干预专家组，对系统内人员和工作对象开展心理健康教育，普及心理健康知识，提供心理健康评估、心理咨询、危机干预等服务。

（四）规范发展社会心理服务机构。试点地区政法委、民政、卫生健康等有关部门要探索支持、引导、培育社会心理服务机构参与心理健康服务的政策措施，并研究制订管理、规范、监督、评估社会心理服务机构的相关措施，促进社会心理服务机构专业化、规范化发展。通过购买服务等形式，向各类机关、企事业单位和其他用人单位、基层组织及村（社区）群众提供心理咨询服务，逐步扩大服务覆盖面，并为弱势群体提供公益性服务。社会心理服务机构要加大服务技能和伦理道德的培训，提升对心理行为问题的服务能力和常见精神障碍的识别能力。

（五）提升医疗机构心理健康服务能力。试点地区卫生健康等部门要整合现有资源，支持省、地市、县三级精神卫生医疗机构提升心理健康服务能力。通过平安医院创建、等级医院评审等，推动综合医院普遍开设精神（心理）科，对躯体疾病就诊患者提供心理健康评估，为有心理行为问题者提供人文关怀、心理疏导等服务。精神卫生医疗机构要开设心理门诊，为患者提供药物治疗和心理治疗相结合的服务。妇幼保健机构要将心理健康服务融入孕前检查、孕产期保健、儿童保健、青春期保健、更年期保健等工作中。鼓励中医医疗机构开设中医心理等科室，支持中医医师在医疗机构提供中医心理健康诊疗、咨询和干预等服务。基层医疗卫生机构要加强与精神卫生医疗机构合作，结合家庭医生签约服务，开展抑郁、焦虑等常见精神障碍和心理行为问题科普宣传，对辖区居民开展心理健康评估，推广老年痴呆适宜防治技术。鼓励医疗卫生机构运用互联网等信息技术，拓展精神卫生和心理健康服务的空间和内容。鼓励医疗联合体通过互联网技术，实现医疗资源上下贯通、信息互通共享，便捷提供预约诊疗、双向转诊、远程医疗服务，提高服务质量。鼓励各级各类医疗机构培育医务社会工作者队伍，充分发挥其在医患沟通、心理疏导、社会支持等方面优势，强化医疗服务中的人文关怀。

（六）建立健全心理援助服务平台。依托精神卫生医疗机构或具备条件的社会服务机构、12320公共卫生公益热线或其他途径，通过热线、网络、App、公众号等建立提供公益服务的心理援助平台。通过报纸、广播、电视、网络等多种形式宣传、扩大心理援助平台的社会影响力和利用率。将心理危机干预和心理援助纳入各类突发事件应急预案和技术方案，加强心理危机干预和援助队伍的专业化、系统化建设。在自然灾害等突发事件发生时，立即组织开展个体危机干预和群体危机管理，提供心理援助服务，及时处理急性应激反应，预防和减少极端行为发生。在事件善后和恢复重建过程中，对高危人群持续开展心理援助服务。

（七）健全心理健康科普宣传网络。试点地区卫生健康、宣传等部门要加强协作，健全包括传统媒体、新媒体在内的科普宣传网络，运用报纸、杂志、电台、电视台、互联网（门户网站、微信、微博、手机客户端等）等，广泛宣传"每个人是自己心理健康第一责任人""身心同健康"等健康意识和科普知识。积极组织开展心理健康进学校、进企业、进村（社区）、进机关等活动，开展心理健康公益讲座。在公共场所设立心理健康公益广告，各村（社区）健康教育活动室或社区卫生服务中心（站）向群众提供心理健康科普宣传资料。组织志愿者定期参加科普宣传、热线咨询等志愿服务。城市、农村普通人群心理健康核心知识知晓率达到50%以上。

（八）完善严重精神障碍患者服务工作机制。乡镇（街道）综治、卫生健康、公安、民政、残联等单位要建立健全精神卫生综合管理小组，多渠道开展严重精神障碍患者日常发现、登记报告、随访管理、危险性评估、服药指导、心理支持和疏导等服务，依法开展案（事）件处置，使在册患者规范管理率、在册患者治疗率、精神分裂症治疗率均达到80%以上。对病情不稳定的患者，要建立由村（社区）"两委"成员、网格员、精防医生、民警、民政专干、助残员、志愿者等基层人员组成的个案管理团队，对患者实施个案管理。做好医疗救助、疾病应急救助与基本医疗保险、城乡居民大病保险等制度的衔接，减轻贫困患者医疗费用负担。试点地区要率先落实民政部等4部门《关于加快精神障碍社区康复服务的意见》，开办多种形式的社区康复机构，使居家患者在社区参与康复率达到60%以上。试点地区基层医疗卫生机构要对50%以上居家患者及家属提供心理疏导服务。辖区所有精神卫生医疗机构建立家属学校（课堂），对患者家属开展护理教育等知识培训，对住院患者家属进行心理安慰、心理辅导；建立绿色通道，患者在社区康复期间病情复发的，可通过社区康复机构向医院快速转介。

四、加强心理服务人才队伍建设

（九）发展心理健康领域社会工作专业队伍。试点地区要探索鼓励和支持社会工作专业人员参与心理健康服务的政策措施，开发心理健康服务相关的社会工作岗位。对社会工作专业人员开展心理学和精神卫生知识的普及教育和培训，提高心理健康领域社会工作专业人员的职业素质和专业水平。按照《中共中央 国务院关于加强和完善城乡社区治理的意见》，建立社区、社会组织、社会工作者"三社联动"机制，充分发挥社会工作专业人员优势，通过政府购买服务等方式，支持其为社区居民有针对性地提供救助帮扶、心理疏导、精神慰藉、关系调适等服务，对严重精神障碍患者等特殊人群提供心理支持、社会融入等服务。

（十）培育心理咨询人员队伍。研究制订吸引心理学专业背景人员和经过培训的心理咨询人员从事心理健康服务的相关政策，设置相关工作岗位，提高心理健康服务的可及性。通过购买服务等形式，引导和支持心理咨询人员为公众提供心理健康教育与科普知识宣传，为有心理问题人群提供心理帮助、心理支持、心理教育等服务。同时，开展实践操作等方面的继续教育、专业培训，定期开展督导，提高心理咨询人员的专业化水平。

（十一）发展医疗机构心理健康服务队伍。试点地区卫生健康部门要引进心理学、社会工作专业人才，增加心理健康服务专业人员。通过精神科专业住院医师规范化培训、精神科医师转岗培训等，提升精神科医师数量和服务水平。综合医院（含中医院）要通过培训、继续教育等形式，对全体医务人员进行临床心理知识培训，对常见心理行为问题和精神障碍进行识别和转诊。加强基层医疗卫生机构临床医师心理健康服务知识和技能培训，提高临床医师常见心理行为问题和精神障碍早期识别能力。精神科医师、心理治疗师对心理咨询师、社会工作者等给予技术指导，对常见精神障碍和心理行为问题进行治疗和心理干预等。

（十二）组建心理健康服务志愿者队伍。试点地区政法委、民政、卫生健康等部门向社会广泛招募心理健康服务志愿者，探索支持引导志愿者参与心理健康服务的政策，鼓励和规范心理健康志愿服务的发展。要对志愿者开展心理健康相关培训，健全奖励表彰机制，支持其开展科普宣传、心理支持、心理疏导等志愿服务。特别是鼓励和引导医务人员、高校心理教师、心理专业学生等加入心理服务志愿者队伍。

（十三）健全行业组织并加强管理。试点地区卫生健康、政法委、教育、民政等有关部门，要整合辖区社会心理服务资源，完善社会心理服务行业组织。指导心理服务行业组织加强能力建设，有序开展心理服务机构和人员摸底调查、行业服务规范制订和实施、专业培训和继续教育、督导等工作，要求心理服务专业人员严格遵守保密原则和伦理规范。有关部门在试点过程中要注意将有关资料立卷归档，妥善保管。加强心理健康数据安全的保护意识，建立健全数据安全保护机制，防范因违反伦理、安全意识不足等造成的信息泄露，保护个人隐私。发挥社会心理服务行业组织的枢纽作用，建立心理健康机构、社会心理服务机构、学校心理咨询中心、精神卫生医疗机构、社会工作服务机构、心理健康志愿组织的合作机制，形成连续性的服务链条，实现共同发展。研究制定心理服务机构和人员登记、评价等工作制度，对承接政府购买服务和享受财政资金资助的社会心理服务机构进行考核评价，逐步将机构服务数量、质量等评价结果向社会公开。

五、保障措施

（十四）加强组织领导。各试点地区要将社会心理服务体系建设作为平安中国、健康中国、文明城市建设的重要内容，纳入当地经济和社会发展规划，并作为政府目标管理和绩效考核内容，制订试点实施方案和年度工作计划。结合本地实际，在完成国家要求的基础上，有针对性制订自选工作目标和任务，并做好组织实施。各试点地区要建立健全由党政负责同志任组长的社会心理服务体系建设工作领导小组，下设办公室，政法委、卫生健康、宣传、教育、公安、民政、司法行政、财政、信访、残联等部门参与，明确成员单位职责。定期召开领导小组会议，协调解决试点工作重点难点问题。卫生健康行政部门、政法委要协调相关部门做好试点工作，牵头成立跨部门、跨行业的专家委员会，为试点工作提供技术支持和指导。政法委要将社会心理服务疏导和危机干预纳入平安建设考评内容。卫生健康部门要对试点工作提供技术支持。政法委、卫生健康、宣传、教育、公安、民政、司法行政、财政、信访、残联等部门加强部门间交流合作与信息共享。各行业各部门要加强对本行业心理健康服务的领导，开展相关人员的培训和继续教育。各地要将心理健康教育作为各级各类领导干部教育培训的重要内容，纳入当地党校、行政学院培训。

各省级卫生健康行政部门、政法委要协调宣传、教育、公安、民政、司法行政、财政、信访、残联等部门，负责本省份试点地区遴选、论证、技术指导、督导检查等工作，及时汇总、上报工作信息。

国家卫生健康委和中央政法委负责试点工作的总体协调，会同有关部门制订试点方案，组织开展培训、技术指导、督导检查、经验交流、考核评估等。

（十五）加强政策扶持。研究制订体现心理健康服务技术劳务价值的相关政策措施，增加岗位吸引力，调动心理健康服务工作人员的积极性。通过政策引导和项目支持，培育发展医疗机构、社会心理服务机构和心理健康志愿组织，为公众提供专业化、规范化服务。创新心理健康服务模式，建立心理健康服务网站、心理自助平台、移动心理服务应用程序等，通过网络平台向不同人群提供针对性服务。试点地区民政、卫生健康、政法委等部门根据居民需求，确定适宜社会组织参与的项目，引导社会组织有序参与科普宣传、心理疏导等服务。将心理健康相关机构纳入社会组织孵化基地建设，培育发展一批以心理健康服务为工作重点的社会组织。

（十六）加强经费保障。统筹利用现有资金渠道支持开展试点工作。试点地区对社会心理服务体系建设给予必要的经费保障。鼓励试点地区建立多元化资金筹措机制，积极开拓公益性服务的筹资渠道，探索社会资本投入心理健康服务领域的政策措施，探索加强社会心理服务体系建设的保障政策和激励措施，推动各项任务有效落实。

（十七）强化督导评估。各省级卫生健康行政部门、政法委要会同有关部门，定期对本省份试点情况进行督导。国家卫生健康委、中央政法委将会同有关部门每年抽查试点工作，对于工作完成差、地方政府重视不足、未按照国家财政有关规定使用经费的，要求限期整改。

国家卫生健康委、中央政法委将会同有关部门制订试点工作评估方案。2021年底前，各省级卫生健康行政部门、政法委要对本省份试点工作进行评估，并将评估结果报国家卫生健康委。国家卫生健康委、中央政法委将适时会同有关部门对全国试点工作进行评估。

2. 关于加强心理健康服务的指导意见

关于加强心理健康服务的指导意见

国卫疾控发〔2016〕77号

各省、自治区、直辖市卫生计生委、党委宣传部、综治办、发展改革委、教育厅（委、局）、科技厅（委）、公安厅（局）、民政厅（局）、司法厅（局）、财政厅（局）、人力资源和社会保障厅（局）、文化厅（局）、工商局、新闻出版广电局、科学院、中医药局、工会、共青团省委、妇联、科协、残联、老龄办，新疆生产建设兵团卫生局、党委宣传部、综治办、发展改革委、教育局、科技局、公安局、民政局、司法局、财政局、人力资源和社会保障局、文化局、工商局、新闻出版广电局、工会、共青团团委、妇联、科协、残联、老龄办；教育部各直属高校：

心理健康是影响经济社会发展的重大公共卫生问题和社会问题。为深入贯彻落实党的十八届五中全会和习近平总书记在全国卫生与健康大会上关于加强心理健康服务的要求，根据《精神卫生法》《"健康中国2030"规划纲要》和相关政策，现就加强心理健康服务、健全社会心理服务体系提出如下指导意见。

一、充分认识加强心理健康服务的重要意义

心理健康是人在成长和发展过程中，认知合理、情绪稳定、行为适当、人际和谐、适应变化的一种完好状态。心理健康服务是运用心理学及医学的理论和方法，预防或减少各类心理行为问题，促进心理健康，提高生活质量，主要包括心理健康宣传教育、心理咨询、心理疾病治疗、心理危机干预等。心理健康是健康的重要组成部分，关系广大人民群众幸福安康、影响社会和谐发展。加强心理健康服务、健全社会心理服务体系是改善公众心理健康水平、促进社会心态稳定和人际和谐、提升公众幸福感的关键措施，是培养良好道德风尚、促进经济社会协调发展、培育和践行社会主义核心价值观的基本要求，是实现国家长治久安的一项源头性、基础性工作。

党中央、国务院高度重视心理健康服务和社会心理服务体系建设工作。习近平总书记在2016年全国卫生与健康大会上提出，要加大心理健康问题基础性研究，做好心理健康知识和心理疾病科普工作，规范发展心理治疗、心理咨询等心理健康服务。《国民经济和社会发展第十三个五年规划纲要》明确提出要加强心理健康服务。《"健康中国2030"规划纲要》要求加强心理健康服务体系建设和规范化管理。近年来，各地区各部门结合各自实际情况，从健全心理健康服务体系、搭建心理关爱服务平台、拓展心理健康服务领域、开展社会心理疏导和危机干预、建立专业化心理健康服务队伍等方面进行了积极探索，取得了一定成效，为进一步做好加强心理健康服务、健全社会心理服务体系工作奠定了基础。

当前，我国正处于经济社会快速转型期，人们的生活节奏明显加快，竞争压力不断加剧，个体心理行为问题及其引发的社会问题日益凸显，引起社会各界广泛关注。一方面，心理行为异常和常见精神障碍人数逐年增多，个人极端情绪引发的恶性案（事）件时有发生，成为影响社会稳定和公共安全的危险因素。另一方面，心理健康服务体系不健全，政策法规不完善，社会心理疏导工作机制尚未建立，服务和管理能力严重滞后。现有的心理健康服务状况远远不能满足人民群众的需求及经济建设的需要。加强心理健康服务、健全社会心理服务体系迫在眉睫。

加强心理健康服务，开展社会心理疏导，是维护和增进人民群众身心健康的重要内容，是社会主义核心价值观内化于心、外化于行的重要途径，是全面推进依法治国、促进社会和谐稳定的必然要求。各地区各部门要认真贯彻落实中央决策部署，从深化健康中国建设的战略高度，充分认识加强心理健康服务、健全社会心理服务体系的重要意义，坚持问题导向，增强责任意识，自觉履行促进群众心理健康责任，加强制度机制建设，为实现"两个一百年"奋斗目标和中华民族伟大复兴中国梦作出积极贡献。

二、总体要求

1. 指导思想

全面贯彻党的十八大和十八届三中、四中、五中、六中全会精神，深入学习贯彻习近平总书记系列重要讲话精神和治国理政新理念、新思想、新战略，按照《精神卫生法》《国民经济和社会发展第十三个五年规划纲要》等法律政策要求，落实健康中国建设战略部署，强化政府领导，明确部门职责，完善心理健康服务网络，加强心理健康人才队伍建设。加强重点人群心理健康服务，培育心理健康意识，最大限度满足人民群众心理健康服务需求，形成自尊自信、理性平和、积极向上的社会心态。

2. 基本原则

——预防为主，以人为本。全面普及和传播心理健康知识，强化心理健康自我管理意识，加强人文关怀和生命教育，消除对心理问题的偏见与歧视，预防和减少个人极端案（事）件发生。

——党政领导，共同参与。进一步强化党委政府加强心理健康服务、健全社会心理服务体系的领导责任，加强部门协调配合，促进全社会广泛参与，单位、家庭、个人尽力尽责。

——立足国情，循序渐进。从我国基本国情和各地实际出发，将满足群众需求与长远制度建设相结合，逐步建立健全心理健康和社会心理服务体系。

——分类指导，规范发展。坚持全民心理健康素养提高和个体心理疏导相结合，满足不同群体心理健康服务需求，促进心理健康服务科学、规范、有序发展。

3. 基本目标

到 2020 年，全民心理健康意识明显提高。各领域各行业普遍开展心理健康教育及心理健康促进工作，加快建设心理健康服务网络，服务能力得到有效提升，心理健康服务纳入城乡基本公共服务体系，重点人群心理健康问题得到关注和及时疏导，社会心理服务体系初步建成。

到 2030 年，全民心理健康素养普遍提升。符合国情的心理健康服务体系基本健全，心理健康服务网络覆盖城乡，心理健康服务能力和规范化水平进一步提高，常见精神障碍防治和心理行为问题识别、干预水平显著提高，心理相关疾病发生的上升势头得到缓解。

三、大力发展各类心理健康服务

4. 全面开展心理健康促进与教育。各地要结合培育和践行社会主义核心价值观，将提高公民心理健康素养作为精神文明建设的重要内容，充分发挥我国优秀传统文化对促进心理健康的积极作用。结合"世界精神卫生日"及心理健康相关主题活动等，广泛开展心理健康科普宣传。各级宣传和新闻出版广播电视部门要充分利用广播、电视、书刊、影视、动漫等传播形式，组织创作、播出心理健康宣传教育精品和公益广告，利用影视、综艺和娱乐节目的优势传播自尊自信、乐观向上的现代文明理念和心理健康意识。各地基层文化组织要采用群众喜闻乐见的形式，将心理健康知识融入群众文化生活。创新宣传方式，广泛运用门户网站、微信、微博、手机客户端等平台，传播心理健康知识，倡导健康生活方式，提升全民心理健康素养，培育良好社会心态。各类媒体要树立正确的舆论导向，在传播心理健康知识与相关事件报导中要注重科学性、适度性和稳定性，营造健康向上的社会心理氛围。倡导"每个人是自己心理健康第一责任人"的理念，引导公民在日常生活中有意识地营造积极心态，预防不良心态，学会调适情绪困扰与心理压力，积极自助。（国家卫生计生委、中宣部、文化部、新闻出版广电总局按职责分工负责）

5. 积极推动心理咨询和心理治疗服务。充分发挥心理健康专业人员的引导和支持作用，帮助公民促进个性发展和人格完善，更好地进行人生选择，发展自身潜能，解决生活、学习、职业发展、婚姻、亲子、人际交往等方面的心理困扰，预防心理问题演变为心理疾病，促进和谐生活，提升幸福感。

倡导大众科学认识心理行为问题和心理疾病对健康的影响，将提高心理健康意识贯穿终生，逐步消除公众对心理疾病的病耻感，引导心理异常人群积极寻求专业心理咨询和治疗。各级各类医疗机构和专业心理健康服务机构要主动发现心理疾病患者，提供规范的心理疾病诊疗服务，减轻患者心理痛苦，促进患者康复。（国家卫生计生委、国家中医药局按职责分工负责）

6. 重视心理危机干预和心理援助工作。建立和完善心理健康教育、心理热线服务、心理评估、心理咨询、心理治疗、精神科治疗等衔接递进、密切合作的心理危机干预和心理援助服务模式，重视和发挥社会组织和社会工作者的作用。将心理危机干预和心理援助纳入各类突发事件应急预案和技术方案，加强心理危机干预和援助队伍的专业化、系统化建设，定期开展培训和演练。在突发事件发生时，立即开展有序、高效的个体危机干预和群体危机管理，重视自杀预防。在事件善后和恢复重建过程中，依托各地心理援助专业机构、社会工作服务机构、志愿服务组织和心

理援助热线，对高危人群持续开展心理援助服务。（国家卫生计生委牵头，中央综治办、民政部等相关部门按职责分工负责）

四、加强重点人群心理健康服务

7. 普遍开展职业人群心理健康服务。各机关、企事业和其他用人单位要把心理健康教育融入员工思想政治工作，制定实施员工心理援助计划，为员工提供健康宣传、心理评估、教育培训、咨询辅导等服务，传授情绪管理、压力管理等自我心理调适方法和抑郁、焦虑等常见心理行为问题的识别方法，为员工主动寻求心理健康服务创造条件。对处于特定时期、特定岗位、经历特殊突发事件的员工，及时进行心理疏导和援助。（各部门分别负责）

8. 全面加强儿童青少年心理健康教育。学前教育机构应当关注和满足儿童心理发展需要，保持儿童积极的情绪状态，让儿童感受到尊重和接纳。特殊教育机构要针对学生身心特点开展心理健康教育，注重培养学生自尊、自信、自强、自立的心理品质。中小学校要重视学生的心理健康教育，培养积极乐观、健康向上的心理品质，促进学生身心可持续发展。高等院校要积极开设心理健康教育课程，开展心理健康教育活动；重视提升大学生的心理调适能力，保持良好的适应能力，重视自杀预防，开展心理危机干预。共青团等组织要与学校、家庭、社会携手，开展"培育积极的心理品质，培养良好的行为习惯"的心理健康促进活动，提高学生自我情绪调适能力，尤其要关心留守儿童、流动儿童心理健康，为遭受学生欺凌和校园暴力、家庭暴力、性侵犯等儿童青少年提供及时的心理创伤干预。（教育部牵头，民政部、共青团中央、中国残联按职责分工负责）

9. 关注老年人、妇女、儿童和残疾人心理健康。各级政府及有关部门尤其是老龄办、妇联、残联和基层组织要将老年人、妇女、儿童和残疾人心理健康服务作为工作重点。充分利用老年大学、老年活动中心、基层老年协会、妇女之家、残疾人康复机构、有资质的社会组织等宣传心理健康知识。通过培训专兼职社会工作者和心理工作者、引入社会力量等多种途径，为空巢、丧偶、失能、失智、留守老年人、妇女、儿童、残疾人和计划生育特殊家庭提供心理辅导、情绪疏解、悲伤抚慰、家庭关系调适等心理健康服务。鼓励有条件的地区适当扩展老年活动场所，组织开展健康有益的老年文体活动，丰富广大老年人精神文化生活，在老年人生病住院、家庭出现重大变故时及时关心看望。加强对孕产期、更年期等特定时期妇女的心理关怀，对遭受性侵犯、家庭暴力等妇女及时提供心理援助。加强对流动、留守妇女和儿童的心理健康服务。鼓励婚姻登记机构、婚姻家庭纠纷调解组织等积极开展婚姻家庭辅导服务。发挥残疾人社区康复协调员、助残社会组织作用，依托城乡社区综合服务设施，广泛宣传心理健康知识，为残疾儿童家长、残疾人及其亲友提供心理疏导、康复经验交流等服务。通过开展"志愿助残阳光行动"、"邻里守望"等群众性助残活动，为残疾人提供心理帮助。护理院、养老机构、残疾人福利机构、康复机构要积极引入社会工作者、心理咨询师等力量开展心理健康服务。（民政部、全国妇联、中国残联、全国老龄办按职责分工负责）

10.重视特殊人群心理健康服务。健全政府、社会、家庭"三位一体"的帮扶体系，加强人文关怀和心理疏导，消除对特殊人群的歧视，帮助特殊人群融入社会。各地综治、公安、司法行政、民政、卫生计生等部门要高度关注流浪乞讨人员、服刑人员、刑满释放人员、强制隔离戒毒人员、社区矫正人员、社会吸毒人员、易肇事肇祸严重精神障碍患者等特殊人群的心理健康。加强心理疏导和危机干预，提高其承受挫折、适应环境能力，预防和减少极端案（事）件的发生。（中央综治办牵头，公安部、民政部、司法部、国家卫生计生委、中国残联按职责分工负责）

11.加强严重精神障碍患者服务。各级综治、公安、民政、司法行政、卫生计生、残联等单位建立精神卫生综合管理小组，多渠道开展患者日常发现、登记、随访、危险性评估、服药指导等服务。动员社区组织、患者家属参与居家患者管理服务。做好基本医疗保险、城乡居民大病保险、医疗救助、疾病应急救助等制度的衔接，逐步提高患者医疗保障水平。做好贫困患者的社会救助工作。建立健全精神障碍社区康复服务体系，大力推广"社会化、综合性、开放式"的精神障碍康复模式，做好医疗康复和社区康复的有效衔接。（中央综治办、公安部、民政部、司法部、人力资源和社会保障部、国家卫生计生委、中国残联按职责分工负责）

五、建立健全心理健康服务体系

12. 建立健全各部门各行业心理健康服务网络。各级机关和企事业单位依托本单位工会、共青团、妇联、人力资源部门、卫生室（或计生办），普遍设立心理健康辅导室，培养心理健康服务骨干队伍，配备专（兼）职心理健康辅导人员。教育系统要进一步完善学生心理健康服务体系，提高心理健康教育与咨询服务的专业化水平。每所高等院校均设立心理健康教育与咨询中心（室），按照师生比不少于1∶4000配备从事心理辅导与咨询服务的专业教师。中小学校设立心理辅导室，并配备专职或兼职教师。学前教育和特殊教育机构要配备专（兼）职心理健康工作人员。公安、司法行政等部门要根据行业特点普遍设立心理服务机构，配备专业人员，成立危机干预专家组，对系统内人员和工作对象开展心理健康教育、心理健康评估和心理训练等服务。（各部门分别负责）

13. 搭建基层心理健康服务平台。将心理健康服务作为城乡社区服务的重要内容，依托城乡社区综合服务设施或基层综治中心建立心理咨询（辅导）室或社会工作室（站），配备心理辅导人员或社会工作者，协调组织志愿者，对社区居民开展心理健康宣传教育和心理疏导。各级政府及有关部门要发挥社会组织和社会工作者在婚姻家庭、邻里关系、矫治帮扶、心理疏导等服务方面的优势，进一步完善社区、社会组织、社会工作者三社联动机制，通过购买服务等形式引导社会组织、社会工作者、志愿者积极参与心理健康服务，为贫困弱势群体和经历重大生活变故群体提供心理健康服务，确保社区心理健康服务工作有场地、有设施、有保障。（中央综治办、民政部、国家卫生计生委按职责分工负责）

14.鼓励培育社会化的心理健康服务机构。鼓励心理咨询专业人员创办社会心理健康服务机构。各级政府有关部门要积极支持培育专业化、规范化的心理咨询、辅导机构，通过购买社会心理机构的服务等形式，向各类机关、企事业单位和其他用人单位、基层组织及社区群众提供心理咨询服务，逐步扩大服务覆盖面，并为弱势群体提供公益性服务。社会心理咨询服务机构要加大服务技能和伦理道德的培训，提升服务能力和常见心理疾病的识别能力。（国家卫生计生委、民政部、工商总局按职责分工负责）

15.加强医疗机构心理健康服务能力。卫生计生等部门要整合现有资源，进一步加强心理健康服务体系建设，支持省、市、县三级精神卫生专业机构提升心理健康服务能力，鼓励和引导综合医院开设精神（心理）科。基层医疗卫生机构普遍配备专职或兼职精神卫生防治人员。各级各类医疗机构在诊疗服务中加强人文关怀，普及心理咨询、治疗技术在临床诊疗中的应用。精神卫生专业机构要充分发挥引领示范作用，对各类临床科室医务人员开展心理健康知识和技能培训，注重提高抑郁、焦虑、老年痴呆、孤独症等心理行为问题和常见精神障碍的筛查识别、处置能力。要建立多学科心理和躯体疾病联络会诊制度，与高等院校和社会心理服务机构建立协作机制，实现双向转诊。妇幼保健机构要为妇女儿童开展心理健康教育，提供心理健康咨询与指导、心理疾病的筛查与转诊服务。各地要充分发挥中医药在心理健康服务中的作用，加强中医院相关科室建设和人才培养，促进中医心理学发展。基层医疗卫生机构和全科医师要大力开展心理健康宣传和服务工作，在专业机构指导下，探索为社区居民提供心理评估服务和心理咨询服务，逐步将儿童常见心理行为问题干预纳入儿童保健服务。监管场所和强制隔离戒毒场所的医疗机构应当根据需要积极创造条件，为被监管人员和强制隔离戒毒人员提供心理治疗、心理咨询和心理健康指导。（国家卫生计生委牵头，教育部、公安部、司法部、国家中医药局按职责分工负责）

六、加强心理健康人才队伍建设

16.加强心理健康专业人才培养。教育部门要加大应用型心理健康专业人才培养力度，完善临床与咨询心理学、应用心理学等相关专业的学科建设，逐步形成学历教育、毕业后教育、继续教育相结合的心理健康专业人才培养制度。鼓励有条件的高等院校开设临床与咨询心理学相关专业，建设一批实践教学基地，探索符合我国特色的人才培养模式和教学方法。医学、教育、康复、社会工作等相关专业要加强心理学理论教学和实践技能培养，促进学生理论素养和实践技能的全面提升。依托具有资质和良好声誉的医疗机构、高等院校、科研院所及社会心理健康服务机构建立实践督导体系。（教育部牵头，民政部、国家卫生计生委、中科院配合）

17.促进心理健康服务人才有序发展。人力资源社会保障部门要加强心理咨询师资格鉴定的规范管理，进一步完善全国统一的心理咨询师国家职业标准。加强对心理咨询师培训的管理，改进鉴定考核方式，加强实践操作技能考核。对理论知识考试和实践操作技能考核都合格的考生核发职业资格证书，并将其信息登记上网，向社会提供查询服务，加强监督管理。（人力资源和社会保障部牵头）

卫生计生部门要进一步加强心理健康专业人员培养和使用的制度建设。各级各类医疗机构要重视心理健康专业人才培养，鼓励医疗机构引进临床与咨询心理、社会工作专业的人才，加强精神科医师、护士、心理治疗师、心理咨询师、康复师、医务社会工作者等综合服务团队建设。积极培育医务社会工作者队伍，充分发挥其在医患沟通、心理疏导、社会支持等方面优势，强化医疗服务中的人文关怀。（国家卫生计生委牵头）

各部门、各行业对所属心理健康服务机构和人员加强培训、继续教育及规范管理，制定本部门本行业心理健康服务标准和工作规范，明确岗位工作要求，定期进行考评。（各部门分别负责）

18.完善心理健康服务人才激励机制。各有关部门要积极设立心理健康服务岗位，完善人才激励机制，逐步将心理健康服务人才纳入专业技术岗位设置与管理体系，畅通职业发展渠道，根据行业特点分类制定人才激励和保障政策。在医疗服务价格改革中，要注重体现心理治疗服务的技术劳务价值。要加大专业人才的培训和继续教育工作力度，帮助专业人才实现自我成长和能力提升。鼓励具有相关专业背景并热心大众心理健康服务的组织和个人，积极参加心理健康知识宣传普及等志愿服务。（国家发展改革委、民政部、财政部、人力资源和社会保障部、国家卫生计生委按职责分工负责）

19.发挥心理健康服务行业组织作用。在卫生计生行政部门指导下，建立跨专业、跨部门的国家心理健康服务专家组，充分发挥心理健康服务行业组织作用，对各部门各领域开展心理健康服务提供技术支持和指导。依托专家组和行业组织，制订心理健康服务机构和人员登记、评价、信息公开等工作制度，建立国家和区域心理健康服务机构和人员信息管理体系，将相关信息纳入国家企业信用信息公示系统和国家统一的信用信息共享交换平台。对各类心理健康机构服务情况适时向社会公布，逐步形成"优胜劣汰"的良性运行机制。要建设一批心理健康服务示范单位。心理健康服务行业组织要充分发挥桥梁纽带作用，协助政府部门制定行业技术标准和规范，建立行规行约和行业自律制度，向行业主管部门提出违规者惩戒和退出建议。要开展心理健康服务机构管理者和从业人员的继续教育，不断提升心理健康服务行业整体服务水平。发挥心理健康相关协会、学会等社团组织作用，加强心理健康学术交流、培训、科学研究等工作，促进心理健康服务规范发展。（国家卫生计生委牵头，民政部、科协、中科院等相关部门配合）

七、加强组织领导和工作保障

20.加强组织领导。各级党委、政府要将加强心理健康服务、健全社会心理服务体系作为健康中国建设重要内容，纳入当地经济和社会发展规划，并作为政府目标管理和绩效考核的重要内容。要建立健全党政领导、卫生计生牵头、综治协调、部门各负其责、各方积极配合的心理健康服务和社会心理服务体系建设工作机制和目标责任制，推动形成部门齐抓共管、社会力量积极参与、单位家庭个人尽力尽责的工作格局。要把心理健康教育作为各级各类领导干部教育培训的重要内容，把良好的心理素质作为衡量干部综合能力的重要方面，全面提升党员领导干部的心理素质。（各相关部门按职责分工负责）

21.明确部门职责。各部门各行业要做好本部门本行业内人员的心理健康教育和心理疏导等工作。卫生计生部门牵头心理健康服务相关工作，制订行业发展相关政策和服务规范，指导行业组织开展工作，并会同有关部门研究心理健康服务相关法律及制度建设问题。综治机构做好社会心理服务疏导和危机干预，并将其纳入综治（平安建设）考评内容。宣传、文化、新闻出版广播电视部门负责协调新闻媒体、各类文化组织开展心理健康宣传教育。发展改革部门负责将心理健康服务、社会心理服务体系建设纳入国民经济和社会发展规划，完善心理健康服务项目价格政策。教育部门负责完善心理健康相关学科建设，加强专业人才培养，健全各级教育机构心理健康服务体系，组织各级各类学校开展学生心理健康服务工作。科技部门加大对心理健康服务相关科学技术研究的支持力度，并加强科技成果转化。公安、司法行政部门负责完善系统内心理健康服务体系建设，建立重大警务任务前后心理危机干预机制，组织开展被监管人员和强制隔离戒毒人员的心理健康相关工作。民政部门负责引导与管理城乡社区组织、社会组织、社会工作者参与心理健康服务，推动心理健康领域社会工作专业人才队伍建设。财政部门加大心理健康服务投入并监督使用。人力资源社会保障部门负责心理咨询师职业资格鉴定工作的规范管理。工商部门对未经许可擅自从事心理咨询和心理治疗的机构，依有关主管部门提请，依法予以吊销营业执照。中医药管理部门负责指导中医医疗机构做好心理健康服务相关工作。工会、共青团、妇联、残联、老龄办等组织负责职业人群和儿童青少年、妇女、残疾人、老年人等特定工作对象的心理健康服务工作。各相关部门要根据本指导意

见制定实施方案。(各相关部门按职责分工负责)

22.完善法规政策。不断完善心理健康服务的规范管理,研究心理健康服务相关法律问题,探索将心理健康专业人员和机构纳入法制化管理轨道,加快心理健康服务法制化建设。各地各部门要认真贯彻执行《精神卫生法》,并根据工作需要,及时制定加强心理健康服务、健全社会心理服务体系的相关制度和管理办法。鼓励各地结合本地实际情况,建立心理健康服务综合试点,充分发挥先行先试优势,不断改革创新,将实践探索得来的好经验好方法通过地方性法规、规章制度、政策等形式固化下来,为其他地区加强心理健康服务、健全社会心理服务体系提供示范引导。(国家卫生计生委牵头,相关部门配合)

23.强化基础保障。要积极落实基层组织开展心理健康服务和健全社会心理服务体系的相关政策,加大政府购买社会工作服务力度,完善政府购买社会工作服务成本核算制度与标准规范。要建立多元化资金筹措机制,积极开拓心理健康服务公益性事业投融资渠道。鼓励社会资本投入心理健康服务领域。(民政部、财政部、国家卫生计生委按职责分工负责)

24.加强行业监管。以规范心理健康服务行为、提高服务质量和提升服务水平为核心,完善心理健康服务监督机制,创新监管方式,推行属地化管理,规范心理健康服务机构从业行为,强化服务质量监管和日常监管。心理健康服务行业组织要定期对心理健康服务机构进行评估,将评估结果作为示范单位、实践基地建设和承接政府购买服务项目的重要依据。加强对心理健康数据安全的保护意识,建立健全数据安全保护机制,防范因违反伦理、安全意识不足等造成的信息泄露,保护个人隐私。(国家卫生计生委牵头,相关部门配合)

25.加强心理健康相关科学研究。大力开展心理健康相关的基础和应用研究,开展本土化心理健康基础理论的研究和成果转化及应用。针对重点人群的心理行为问题和危害人民群众健康的重点心理疾病,开展生物、心理、社会因素综合研究和心理健康问题的早期识别与干预研究，推广应用效果明确的心理干预技术和方法；鼓励开展以中国传统文化、中医药为基础的心理健康相关理论和技术的实证研究，逐步形成有中国文化特色的心理学理论和临床服务规范。加强心理健康服务相关法律与政策等软科学研究，为政策法规制订实施提供科学依据。鼓励开展基于互联网技术的心理健康服务相关设备和产品研发，完善基础数据采集和平台建设。加强国际交流与合作，吸收借鉴国际先进科学技术及成功经验。（科技部牵头，教育部、国家卫生计生委、中科院、国家中医药局等相关部门配合）

国家卫生计生委　中宣部

中央综治办　国家发展改革委

教育部　科技部

公安部　民政部

司法部　财政部

人力资源和社会保障部　文化部

工商总局　新闻出版广电总局

中科院　国家中医药局

全国总工会　共青团中央

全国妇联　中国科协

中国残联　全国老龄办

2016 年 12 月 30 日

参考文献

第一章

1. 《中共中央关于制定国民经济和社会发展第十四个五年规划和二〇三五年远景目标的建议》辅导读本 [M]. 北京：人民出版社，2020：68.

2. 《中共中央关于制定国民经济和社会发展第十四个五年规划和二〇三五年远景目标的建议》辅导读本 [M]. 北京：人民出版社，2020：101.

3. 《中共中央关于党的百年奋斗重大成就和历史经验的决议》辅导读本 [M]. 北京：人民出版社，2021：75.

4. 党的二十大报告学习辅导百问 [M]. 北京：党建读物出版社，学习出版社，2022：153.

5. 党的二十大报告辅导读本 [M]. 北京：人民出版社，2022：487.

6. 党的二十大报告辅导读本 [M]. 北京：人民出版社，2022：115.

7. 蔡华俭，黄梓航，林莉，张明杨，王潇欧，朱慧珺，谢怡萍，杨盈，杨紫嫣，敬一鸣. 半个多世纪来中国人的心理与行为变化——心理学视野下的研究 [J/OL]. 心理科学进展：1-20[2020-09-25].

8. 陈雪峰. 社会心理服务体系建设的研究与实践 [J]. 中国科学院院刊，2018，33（3）：309.

9. 陈雪峰：社会心理服务体系建设的研究与实践，中国科学院院刊 2018 年第 3 期.

10. 钱铭怡. 变态心理学 [M]. 北京：北京大学出版社，2013.

11. 钱铭怡. 变态心理学 [M]. 北京：北京大学出版社，2013.

第三章

1. 党的二十大报告学习辅导百问 [M]. 北京：党建读物出版社，学习出版社，2022：27.

2. 董云波，陈中永. 中国古代心理健康思想初探 [J]. 内蒙古师范大学学报（哲学社会科学版），2010，39（02）：22-28.

3. 廖乐根. 佛教因果观与心理健康 [J]. 宗教心理学，2018（00）：128-136.

4. 王晨霞.《黄帝内经》说心理 [J]. 中华养生保健（上半月），2009（3）：16.

5. 易平. 朱熹的心理学思想研究 [D]. 石家庄：河北师范大学，1999.

6. 陈一新. 完善正确处理新形势下人民内部矛盾有效机制 [N]. 人民日报，2019-12-09（9）.

7. 陈雪峰，王日出，刘正奎. 灾后心理援助的组织与实施 [J]. 心理科学进展，2009（03）：499.

8. 侯玉波. 社会心理学 [M]. 北京：北京大学出版社，2018；238-260.

9. 周林刚，冯建华. 社会支持理论——一个文献的回顾 [J]. 广西师范学院学报，2005（03）：11-14+20.

10. 吴宗宪. 西方犯罪学史 第四卷 [M]. 北京：中国人民公安大学出版社，2010：1161-1168.

11. 何雪松. 社会工作理论 [M]. 上海：上海人民出版社，2007：87-89.

12. 何雪松. 社会工作理论 [M]. 上海：上海人民出版社，2007：201-202.

13. 王思斌. 社会工作概论（第三版）[M]. 北京：高等出版社，2014：95-96.

14. 木子. 社会心理服务体系建设与专业社会工作发展的思考 [J]. 中国社会工作，2018（19）：29-30.

15. 朱眉华，文君. 社会工作实务手册 [M]. 北京：社会科学文献出版社，2006：106-107.

16. 王思斌. 社会工作概论（第三版）[M]. 北京：高等出版社，2014：131-132.

17. 闫洪丰，李康震. 新时代下国家心理政策解读 [J]. 心理与健康，2018（10）：13.

18. 周芮，闫洪丰，李康震. 我国社会心理服务体系的基本构成探析 [J]. 残疾人研究，2019（4）：37.

第四章

1. 潘盛洲. 打造共建共治共享的社会治理格局 [N]. 经济日报，2017-11-27（005）.

2. 郭声琨. 坚持和完善共建共治共享的社会治理制度 [N]. 人民日报，2019-11-28（6）.

3. 潘盛洲. 打造共建共治共享的社会治理格局 [N]. 经济日报，2017-11-27（005）.

4.《中共中央关于制定国民经济和社会发展第十四个五年规划和二〇三五年远景目标的建议》辅导读本 [M]. 人民出版社，2020：68.

5. 闫洪丰，李康震. 新时代下国家心理政策解读 [J]. 心理与健康，2018（10）：13.

第五章

1. 陈雪峰. 社会心理服务体系建设的研究与实践 [J]. 中国科学院院刊，2018，33（3）：310.

2. 石泰峰. 健全提高党的执政能力和领导水平制度 [J]. 党建研究，2019（11）：26.

3. 周芮，闫洪丰，李康震. 我国社会心理服务体系的基本构成探析 [J]. 残疾人研究，2019（4）：35.

4. World Health Organization, War Trauma Foundation and World Vision International. (2011). Psychological first aid: Guide for field workers. WHO: Geneva.

5. 钱铭怡. 变态心理学 [M]. 北京：北京大学出版社，2013.